千年回响

跨湖桥文化命名20周年成果展

Echoes of Eight Thousand Years
Achievements in the 20th Anniversary of the Naming of the Kuahuqiao Culture

杭州市萧山跨湖桥遗址博物馆
浙江省文物考古研究所 编

杭州出版社

图书在版编目（CIP）数据

八千年的回响:跨湖桥文化命名20周年成果展 / 杭州市萧山跨湖桥遗址博物馆,浙江省文物考古研究所编. 杭州:杭州出版社,2024.10.--ISBN 978-7-5565-2691-8

I. K878.04

中国国家版本馆CIP数据核字第202425TK71号

BAQIAN NIAN DE HUIXIANG —— KUAHUQIAO WENHUA MINGMING 20 ZHOUNIAN CHENGGUO ZHAN

八千年的回响 —— 跨湖桥文化命名20周年成果展

杭州市萧山跨湖桥遗址博物馆　浙江省文物考古研究所 编

责任编辑：管章玲
装帧设计：褚学军
责任印务：姚霖
出版发行：杭州出版社（杭州市西湖文化广场32号6楼）
　　　　　　电话：0571-87997719　邮编：310014
　　　　　　网址：www.hzcbs.com
印　　刷：浙江海虹彩色印务有限公司
开　　本：889 mm×1194 mm　1/16
印　　张：14
字　　数：240千
版 印 次：2024年10月第1版　2024年10月第1次印刷
书　　号：ISBN 978-7-5565-2691-8
定　　价：198.00元

编辑委员会

主　编：吴　健
副主编：楼　卫
编　委：郑伟军　沈一敏　俞博雅　厉小雅

展览组织与实施

主办单位：杭州市萧山跨湖桥遗址博物馆　浙江省文物考古研究所
学术专家：蒋乐平　孙国平
策 展 人：吴　健
展览执行：楼　卫
资料整理：刘嘉诚
展览组织：郑伟军
陈列布展：厉小雅　谢诗雨　刘嘉诚　杨国萍　丁灵倩
社会教育：俞博雅　陈　霞　顾玉丹　张天星　郑思源　王　鑫　施琼玲
宣传推广：沈一敏　邵　旦
展览保障：沈梦梦　朱海东　李　飞　徐泳儿　陈淼华
英文翻译：谢诗雨　刘嘉诚　沈一敏　俞博雅
展览制作：浙江阿了纳创意设计有限公司
设计总监：褚学军
展陈设计：侯　俊　宋韵音　朱慷妮
摄影摄像：侯　俊　陈小东
多 媒 体：何成龙　褚学政
支持单位：河姆渡遗址博物馆
　　　　　嵊州市文物保护中心
　　　　　临海市博物馆
　　　　　浦江博物馆
　　　　　义乌市文物保护所
　　　　　龙游县博物馆
　　　　　天台博物馆
　　　　　仙居县博物馆
　　　　　金华市婺城区文旅发展和文化遗产保护中心
　　　　　衢州市衢江区文物保护所

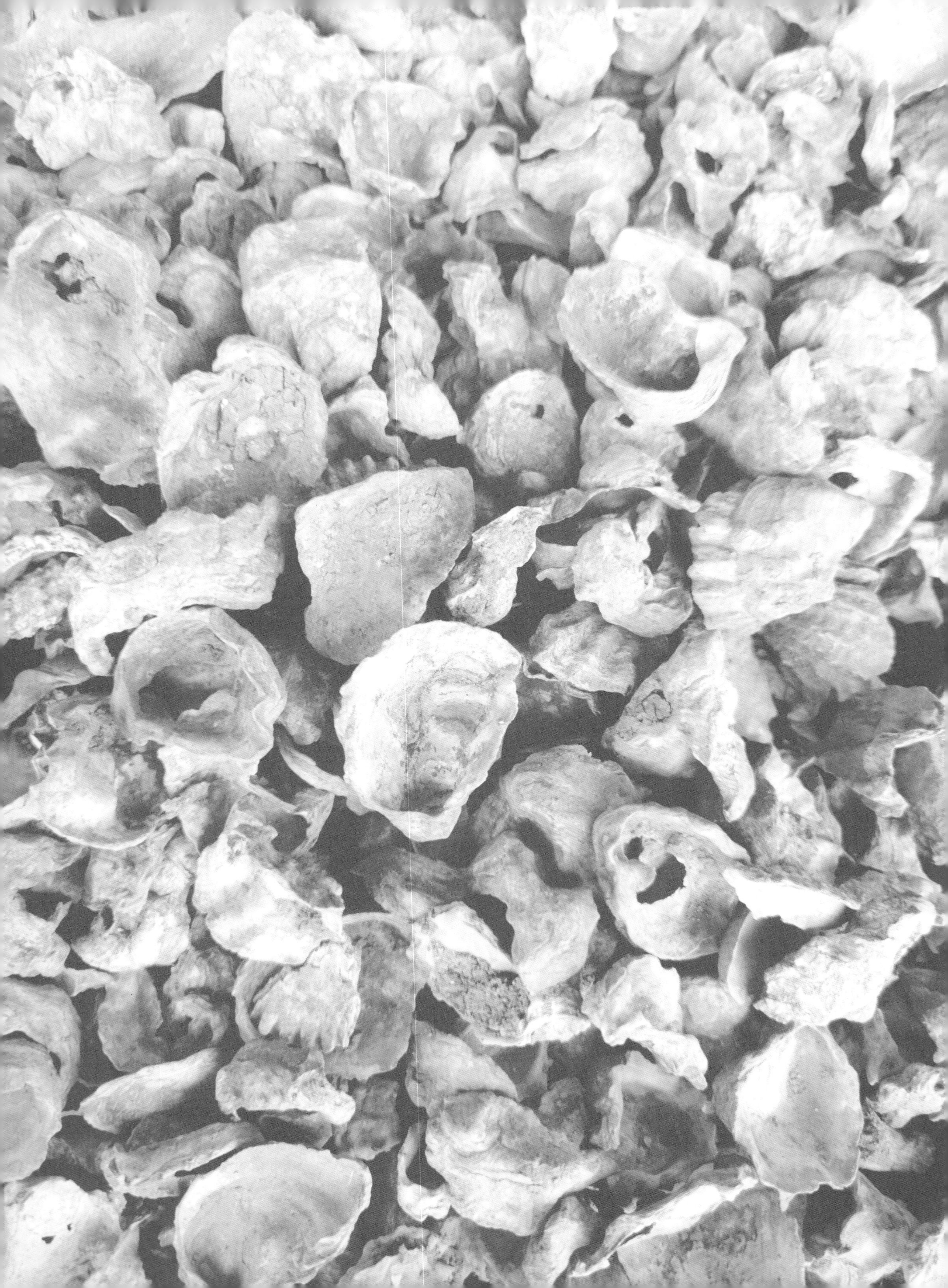

前言
Preface

　　浙江萧山跨湖桥新石器时代遗址（简称"跨湖桥遗址"）距今约8000～7000年，经过1990、2001、2002年三次考古发掘，出土了大量骨器、木器、石器、陶器等珍贵文物，尤其是独木舟及相关遗迹的发现，对世界舟楫文化研究影响深远，在全社会引起重大反响。

　　2004年12月17日，因遗址独特的文化面貌和丰富的价值内涵，"跨湖桥文化"被正式命名，并成为杭州、浙江乃至中华文化史的重要篇章。中华第一舟、最早的漆弓、最早的耜耕农业、最早的原始纺织机等等，已经成为中国东南沿海辉煌史前文化的标志性符号。

　　20年来，跨湖桥遗址博物馆作为跨湖桥文化保护、展示和研究的学术平台，功能建设日趋完善，遗址原址保护工作有序推进，社会服务活动日益丰富，学术研究成果斐然。为进一步厘清跨湖桥文化的分布范围，浙江省文物考古研究所持续推进考古发掘工作，在文化源头与走向、区域特征和分期等方面均取得了新成绩。尤其对跨湖桥文化的海洋性特征，随着余姚井头山遗址的发现，有了突破性的认识。

　　2024年，恰逢跨湖桥文化被正式命名20周年，跨湖桥遗址博物馆被评定为国家一级博物馆。为了纪念20周年，由浙江省文物考古研究所和跨湖桥遗址博物馆共同主办了一场展览，共展出来自15个跨湖桥文化遗址的258件文物，直观展现跨湖桥文化在浙江的广泛影响，以及夐立潮头的跨湖桥人从钱塘江上游山林走来，迎向浩瀚海洋的坚定步伐！本次展览，不仅是对过去20年工作的全面回望，更是跨湖桥文化研究新进展、新成果的系统总结和汇报。

吴健

杭州市萧山跨湖桥遗址博物馆馆长
2024年6月8日

目录 CONTENTS

01 勇立潮头
——跨湖桥考古学文化命名
The Naming of the Kuahuqiao Archaeological Culture

大事记 2
Chronicle of Events

跨湖桥遗址 4
The Kuahuqiao Site

跨湖桥文化之最 7
The Most Significant Findings in Kuahuqiao culture

下孙遗址 24
The Xiasun Site

什么是跨湖桥文化 27
What's the Kuahuqiao Culture

跨湖桥文化遗址分布图 28
The Distribution of the Kuahuqiao Culture Sites

02 百舸争流
——20年跨湖桥考古新发现
The New Archaeological Discoveries of the Kuahuqiao Culture in the Past 20 Years

上山遗址　　The Shangshan Site　............................32
小黄山遗址　The Xiaohuangshan Site　......................44
桥头遗址　　The Qiaotou Site　................................54
荷花山遗址　The Hehuashan Site　............................66
青碓遗址　　The Qingdui Site　................................72
青阳山遗址　The Qingyangshan Site　........................74
园上遗址　　The Yuanshang Site　............................76
皇朝墩遗址　The Huangchaodun Site　......................82
峙山头遗址　The Shishantou Site　............................90
下汤遗址　　The Xiatang Site　................................94
百亩塘遗址　The Baimutang Site　............................100
井头山遗址　The Jingtoushan Site　..........................106
火叉兜遗址　The Huochadou Site　..........................130

03 浪遏飞舟
——20年跨湖桥文化内涵新认识
The New Understandings of the Kuahuqiao Culture in the Past 20 Years

跨湖桥文化区域类型	·········· 134
The Regional Types of the Kuahuqiao Culture	
跨湖桥文化发展变化	·········· 140
The Development of the Kuahuqiao Culture	
跨湖桥文化的源与流	·········· 142
The Origin and Transmission of the Kuahuqiao Culture	

04 勠力同心
——20年跨湖桥遗址博物馆建设新成果
The New Achievements in the Construction of Kuahuqiao Site Museum in the Past 20 Years

博物馆建设	Museum Construction	·········· 162
遗址保护	Site Protection	·········· 165
学术研究	Academic Research	·········· 167
学术研讨会	Academic Seminar	·········· 167
核心刊物	Core Journals	·········· 172
专著出版	Publications	·········· 174
社会服务	Social Services	·········· 175
品牌创建	Brand Building	·········· 175
研学活动	Educational Activities	·········· 178
志愿者服务	Volunteer Service	·········· 179
讲解接待	The Reception and Guide	·········· 180
陈列展览	Exhibitions	·········· 184
主流媒体	Reports In Mainstream Media	·········· 188

结语
Conclusion ·········· 191

附录
Appendix

| 跨湖桥文化源流探析 | ·········· 192 |
| 浙江史前文化变迁的环境因素 | ·········· 206 |

01 勇立潮头
——跨湖桥考古学文化命名
The Naming of the Kuahuqiao Archaeological Culture

八千年的回响——跨湖桥文化命名20周年成果展

01 大事记
Chronicle of Events

1960

20世纪60年代初期，杭州砖瓦厂厂医陈中缄先生开始关注并收集被砖瓦厂取土挖出的"古物"。2001年，陈中缄的后人向萧山博物馆捐献了收藏的几十件出土文物。

1990

1990年考古发掘现场

1990年5月30日，萧山市文物管理委员会办公室接到浙江广播电视大学萧山分校学生郑苗在湘湖捡到文物的报告，遗址被发现。

1990年10~12月，浙江省文物考古研究所、萧山博物馆对跨湖桥遗址进行了第一次考古发掘，领队芮国耀。

1991

表1 跨湖桥遗址1990年发掘区 ^{14}C 年代测定数据

实验室编号	样品来源	样品物质	^{14}C年龄(BP)	树轮校正年龄(BC) 1σ(68.2%)	树轮校正年龄(BC) 2σ(95.4%)	实验室
HL91002	T302⑨	木块	7618±242	6700(68.2%)6050	7100(95.4%)5900	国家海洋局第二研究所
HL91001	H22	橡子	7282±155	6160(1.1%)5650 6080(67.1%)5770	6250(95.4%)5650	国家海洋局第二研究所
BA9906	H22	橡子	6800±170	5870(1.0%)5860 5850(67.2%)5530	6050(95.4%)5350	北京大学考古文博学院
HL91026	建筑B	木桩	7069±210	5990(6.2%)5940 5930(59.1%)5610 5590(2.9%)5560	6250(95.4%)5350	国家海洋局第二研究所
HL91023	T304②	木块	6690±176	5360(68.2%)5300	5750(95.4%)5000	国家海洋局第二研究所

1991年，遗址中采集的四个木质标本送国家海洋局第二海洋研究所作 ^{14}C 年代测定，测定数据表明遗址最早年代距今约8000年。

1997

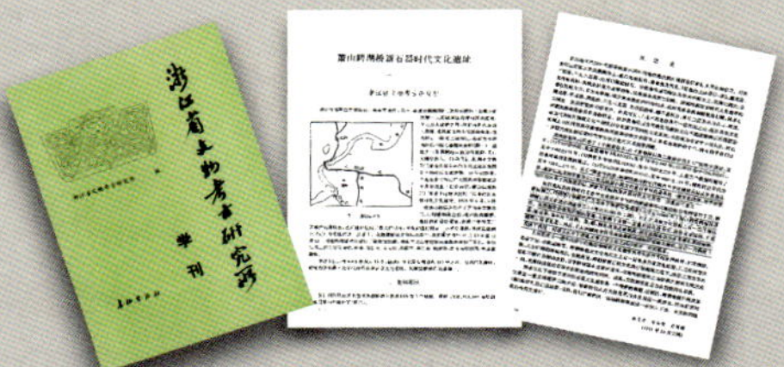

1997年，《萧山跨湖桥新石器时代遗址发掘简报》被收入《浙江省文物考古研究所学刊》。《简报》公布了测年数据，指出跨湖桥遗址与湖南石门皂市遗址下层的文化联系，提出长江中下游文化圈的概念。

2000

2000年的湘湖地貌

2000年12月，浙江省文物考古研究所进行浦阳江流域新石器时代遗址专题调查，重新发现跨湖桥遗址的残余部分，并确认遗址具有进一步的发掘价值。

2001

2001年发掘场景

2001年5~7月，跨湖桥遗址进行了第二次考古发掘，领队蒋乐平。这次发掘的决定性成果是取得了一大批可复原的陶器，遗址的特殊性更有说服力地呈现出来，送北京大学考古文博学院的6个 ^{14}C 测定数据经树轮校正，证明遗址距今约8000~7000年。

勇立潮头——跨湖桥考古学文化命名

● 2002

● 2002

研讨会会议场景 　　蒋乐平向严文明先生介绍出土文物

2002年3月，浙江省文物局、萧山区人民政府召开了"跨湖桥遗址学术研讨会"。会议充分肯定跨湖桥遗址的学术意义，并确认跨湖桥遗址的年代。

● 2002

2002年4月，跨湖桥遗址入选2001年全国十大考古新发现。

● 2003

独木舟发掘现场

2002年10～12月，浙江省文物考古研究所、萧山博物馆对跨湖桥遗址进行第三次考古发掘，领队蒋乐平。独木舟遗存被发现。

● 2004

2002年盛夏，上海铁路局杭州工务段职工倪航祥提供了下孙遗址的线索。2003年10月至2004年1月，浙江省文物考古研究所、萧山博物馆对下孙遗址进行了考古发掘，领队蒋乐平。

2004年12月17日，浙江省文物局、萧山区人民政府举办"跨湖桥考古学术研讨新闻发布暨《跨湖桥》报告首发式"。"跨湖桥文化"被正式命名。

跨湖桥遗址 The Kuahuqiao Site

　　跨湖桥遗址位于浙江湘湖国家旅游度假区，是一处长江下游钱塘江流域新石器时代聚落遗址。

　　遗址经过1990年、2001年和2002年三次考古发掘，出土了大量骨器、木器、石器、陶器及动植物遗存，经^{14}C测定，年代距今约8000～7000年。2002年出土的迄今年代最早的独木舟及相关遗迹，使我国成为拥有世界上最古老独木舟的古船文化国家和地区之一，对研究人类造船史和交通史具有重要价值，因此，跨湖桥遗址入选2001年全国十大考古新发现。2003年底至2004年初，下孙遗址被发掘，丰富了跨湖桥遗址的文化内涵，使其符合遗存现象重复出现的考古学文化命名条件。2004年12月，跨湖桥考古学文化被正式命名。

　　跨湖桥文化在浙江史前文化谱系中，上承上山文化，下接河姆渡文化，向世人展示了中国东南沿海地区源远流长的史前文化。跨湖桥遗址的发现，打破了浙江新石器时代钱塘江以南河姆渡文化，钱塘江以北马家浜、崧泽、良渚文化的两分体系的观念，从而建立起浙江区域文化的多元新格局，为浙江以外的其他考古学文化的研究与再认识提供了新视角。

　　跨湖桥考古学文化的命名，再一次有力证明长江流域同黄河流域一样，也是中华文明的发源地。黄河、长江与海洋，共同孕育了古老而灿烂的中华文明。

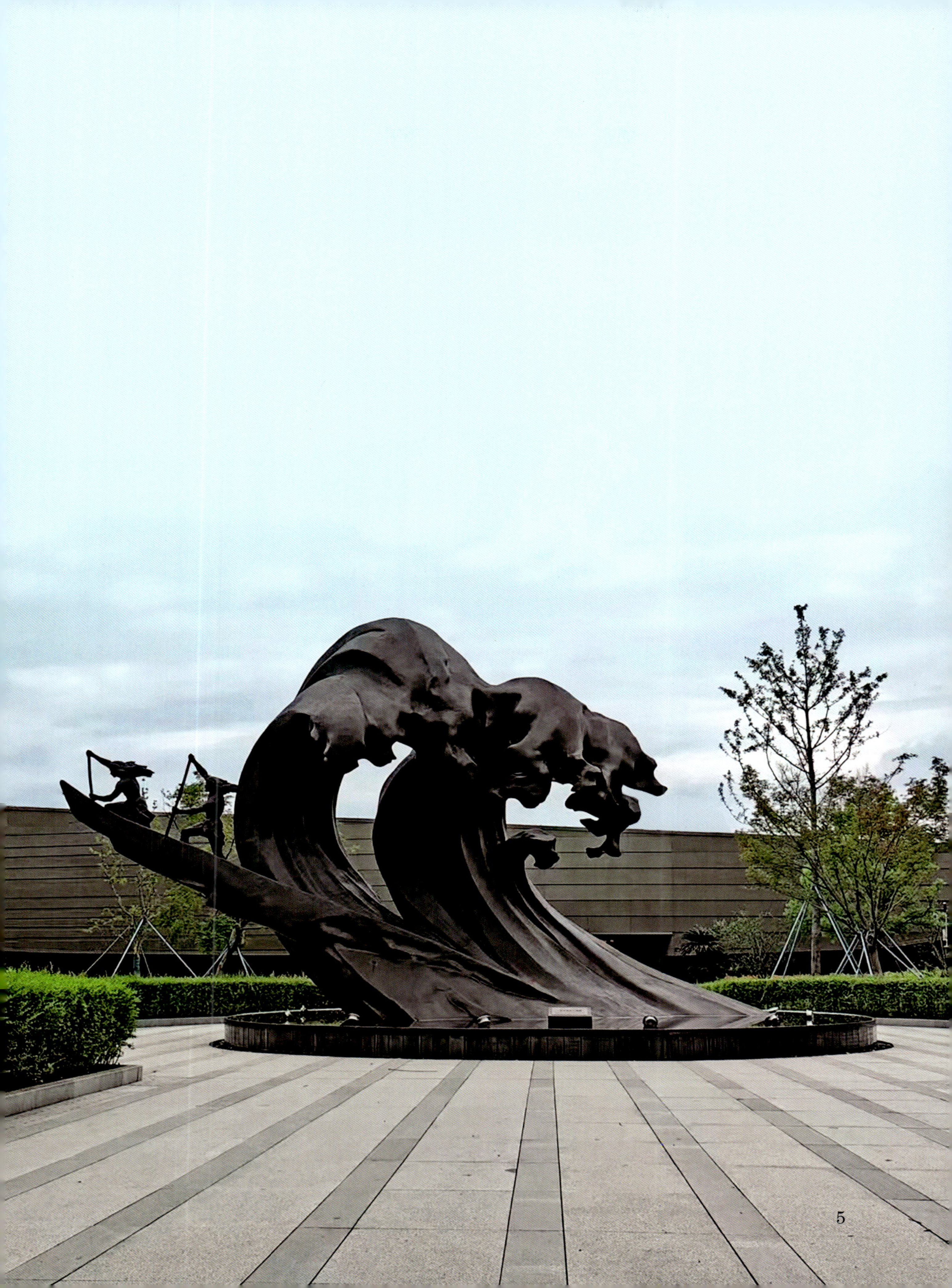

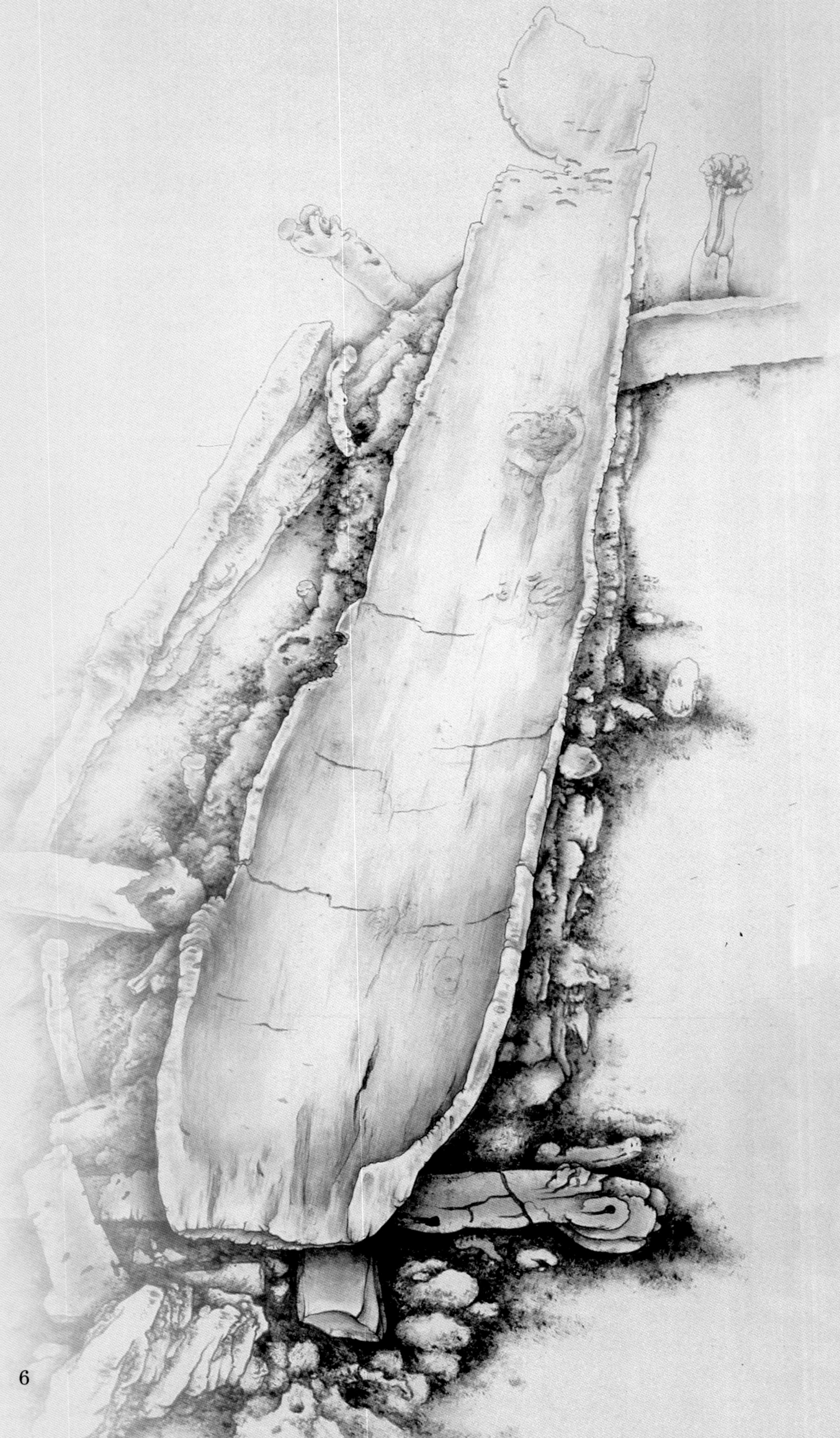

跨湖桥文化之最 The Most Significant Findings in Kuahuqiao Culture

- 世界上最早的独木舟作坊遗迹
  The Earliest Canoe Workshop Remains in the World

- 江南地区最早的席状编织物
  The Earliest Reed Mat-Shaped Woven Fabric in Jiangnan Region

- 世界上最早的漆弓
  The Earliest Lacquered Bow in the World

- 中国最早的耜耕农业
  The Earliest Agriculture Using Si (spade) in China

- 中国最早的慢轮修整制陶技术
  The Earliest "Slow Turning Wheel Modification Techniques" Applied in Pottery Making in China

- 中国最早的"草药罐"
  The Earliest "Herbal Pot" in China

- 中国最早的数卦符号
  The Earliest Number Trigrams in China

- 中国最早的水平踞织机
  The Earliest Leveled Weaving Loom in China

- 中国最早的蒸汽炊煮器具——陶甑
  The Earliest Zeng (steamer) in China

- 中国南方地区最早的家猪
  The Earliest Domestic Pigs in South China

- 中国南方地区最早的玉器
  The Earliest Jadewares in South China

八千年的回响——跨湖桥文化命名 20 周年成果展

独木舟及相关遗迹（跨湖桥遗址出土）

世界上最早的独木舟作坊遗迹

  2002年，跨湖桥作坊遗址出土了一艘独木舟，残损较为严重。独木舟舟体略弓弧度，仅剩船头完整。舟残长560厘米，最宽处52厘米，厚约2.5厘米。由于长期被泥土掩盖，独木舟的中部大部分侧舷已经残破，成了浅凹状的木板。从舱内底、壁的相交部位看，底面和边壁基本垂直。舟体比较光滑，经分析鉴定，材质为马尾松。

  沿独木舟的周围，分布着有规律的木桩和桩洞，紧挨舟体。除木桩、桩洞外，舟体东北端底部、中部西侧都垫有一根横木。在舟体中部偏南，还发现一块上部平整的大石块，紧枕船底。推测这些桩木结构用于固定舟体，枕石与横向垫木则应该出于平稳的需要。

江南地区最早的席状编织物

席状编织物（跨湖桥遗址出土）

在独木舟的边上，还发现多处小块的苇席状编织物。其中一块保存较好，呈梯形，三面残缺，但残面比较整齐，完整一面斜向收边，残幅最宽约60厘米，最窄约50厘米。特别的是，这件编织物的中间还编进了有支撑作用的木骨，显示其展开、伸张的实压效果，推测为独木舟的帆。

漆弓（跨湖桥遗址出土）

世界上最早的漆弓

　　跨湖桥遗址出土的漆弓是迄今为止世界上发现的年代最早的弓。

　　弓用坚韧的桑木制作。弓的特征十分明确，弓柎（抓手）完整，残长121厘米。截面扁圆，最宽处约3.3厘米，厚2.2厘米；两端（残）略细，宽3厘米，厚2厘米。中段长17厘米，截面亦为扁圆，弓侧方向与弓身其余部位相左，拟为柎的位置，柎宽3.2厘米，厚2.2厘米。

　　漆弓除柎因使用摩擦而未见漆皮之外，余部均涂朱红色漆。跨湖桥遗址出土的漆弓将中国生漆的使用历史提前到8000年前，证明中国是世界上最早使用天然漆的国家。

骨耜（跨湖桥遗址出土）

中国最早的耜耕农业

　　骨耜是耒耜的原始形态，适合在沼泽环境中翻土耕种。跨湖桥遗址出土的骨耜均为插入式装柄，与河姆渡文化的捆扎装柄不同。但在器刃的磨损方式上，跨湖桥骨耜和河姆渡骨耜都分平刃和双叉刃两种，说明两地出土骨耜用途是一致的。翻土受力较大，插入式装柄的方式容易导致骨耜受力开裂，而捆扎式装柄显然更加科学。在跨湖桥遗址出土的骨耜中，有1件就裂为两半。跨湖桥先民对骨耜的利用还不成熟，耜耕农业处在初步阶段。

八千年的回响——跨湖桥文化命名20周年成果展

中国最早的慢轮修整制陶技术

木制陶轮底座（跨湖桥遗址出土）

木制陶轮底座，高21.5厘米，底径16厘米，轴径3.2厘米，这是中国应用轮制技术的最早证据。慢轮修整，是将制作成形的陶器放在陶轮上，通过旋转修刮，使之更加匀薄规整的技术。跨湖桥陶器上出现水平方向均匀的摩擦痕迹，证明了慢轮修整技术确实存在，这一发现将慢轮修整技术的出现时间提早了近2000年。

勇立潮头——跨湖桥考古学文化命名

中国最早的"草药罐"

"草药罐"（跨湖桥遗址出土）

跨湖桥遗址出土了一件稍有残缺的绳纹小陶釜，高8.8厘米，口径11.4厘米。出土时，陶釜倾斜委弃于泥土中，器内盛有一捆形象一致的植物茎枝，长度为5至8厘米，单根直径在0.3至0.8厘米之间，共二十余根，纹理结节均很清晰，比较整齐地曲缩在釜底。茎枝之间不间杂泥巴，与器物底腹的接触面也十分清爽。陶釜内的茎枝不能被直接食用，先民们煮烧植物茎枝应该是为了获取烧煮后的汤汁。综合分析，这捆茎枝有可能是因故（例如陶釜破裂）丢弃的煎药罐。也有学者推测，这可能是一种古老的荼和茶釜。

中国最早的数卦符号

木锥（跨湖桥遗址出土）

跨湖桥遗址出土了一件十分完整的木锥，长17.8厘米，截面最大直径0.8厘米。前端呈舌扁状，正反两面分别刻有"㐅"和"彡"两个符号。这些符号十分奇特，如"㐅"符号似可视为"二""八"的组合，"彡"即"三"字。通过比较，跨湖桥的"数字卦"与《周易》具有相关性。木锥上的两个"㐅"可识读为"一一八一一八"，则为"巽"卦。跨湖桥遗址的刻划符号是我们目前所见到的最早的可能与数卦有关的符号类型，这表明早在8000年前，数卦系统就可能已经存在了。

鹿角形器（跨湖桥遗址出土）

　　鹿角器残为不相连的两段，总长约33厘米。端部穿孔并饰弦纹，器身刻有数组由条、角线组成的刻划图案。从形态观察，这些符号已有重复出现的现象。相似的符号在中国其他新石器时代晚期遗址和殷墟遗址中均有出现，学术界对这些符号的认识存在不同意见，但多认为是"数字卦"。

　　"数字卦"是一种记录蓍筮（用蓍草占卜）的数字卦象。一般认为，上古时期的多量"数字卦"经过简化，到战国时期演化为二元奇偶数符，到战国末期至秦汉再演化为阴阳八卦。

　　通过比较，跨湖桥的"数字卦"与《周易》具有相关性。鹿角器的卦符中，有两个卦象组成，即"一一一一六六"的"遁"卦和"六六一一一一"的"大壮"卦，前者代表"逃遁"，后者代表"受伤"。"遁"和"大壮"在《周易》中前后相续，刻录在鹿角上，很可能与狩猎活动有关。

八千年的回响——跨湖桥文化命名20周年成果展

中国最早的水平踞织机

卷布轴（跨湖桥遗址出土）

跨湖桥遗址出土的卷布轴材质为木质，两端槽额是用来固定腰部系带的位置。卷布轴长度有21.6厘米和37.6厘米两种，可推测当时布幅的宽度至少有两种规格。卷布轴是原始踞织机的重要部件。

骨纬刀（跨湖桥遗址出土）

　　纬刀是原始踞织机的重要部件。出土的纬刀用骨片制作，表面光滑，有光泽，保存十分完整，长28.8厘米，宽2.1厘米，一端有一掌之宽（约9厘米）的磨损痕迹，应该是抓握所致，余部长约20厘米，用来打压纬线。由此可知，纬线的长度即所织布幅的宽度，约20厘米。

叉形器（跨湖桥遗址出土）

　　跨湖桥遗址出土的用于挑线的叉形器，由动物骨头制成，长19.7厘米，形状完整，表面光滑。这很可能是跨湖桥原始踞织机的一个重要部件，主要用于挑线，引导纬线往复运动。

中国最早的蒸汽炊煮器具——陶甑

陶甑（跨湖桥遗址出土）

中国是世界上最早使用蒸汽烹饪的国家，而甑就是一种用蒸汽法煮熟食物的炊具。跨湖桥遗址出土的甑敞口、鼓腹、圜底，底部有多处规则的圆形孔洞，破损严重，经修复后高23厘米，宽21厘米，口径16.7厘米。甑一般套放在注水的釜上面，沸水冒出的蒸汽通过甑底的孔洞，蒸熟食物。

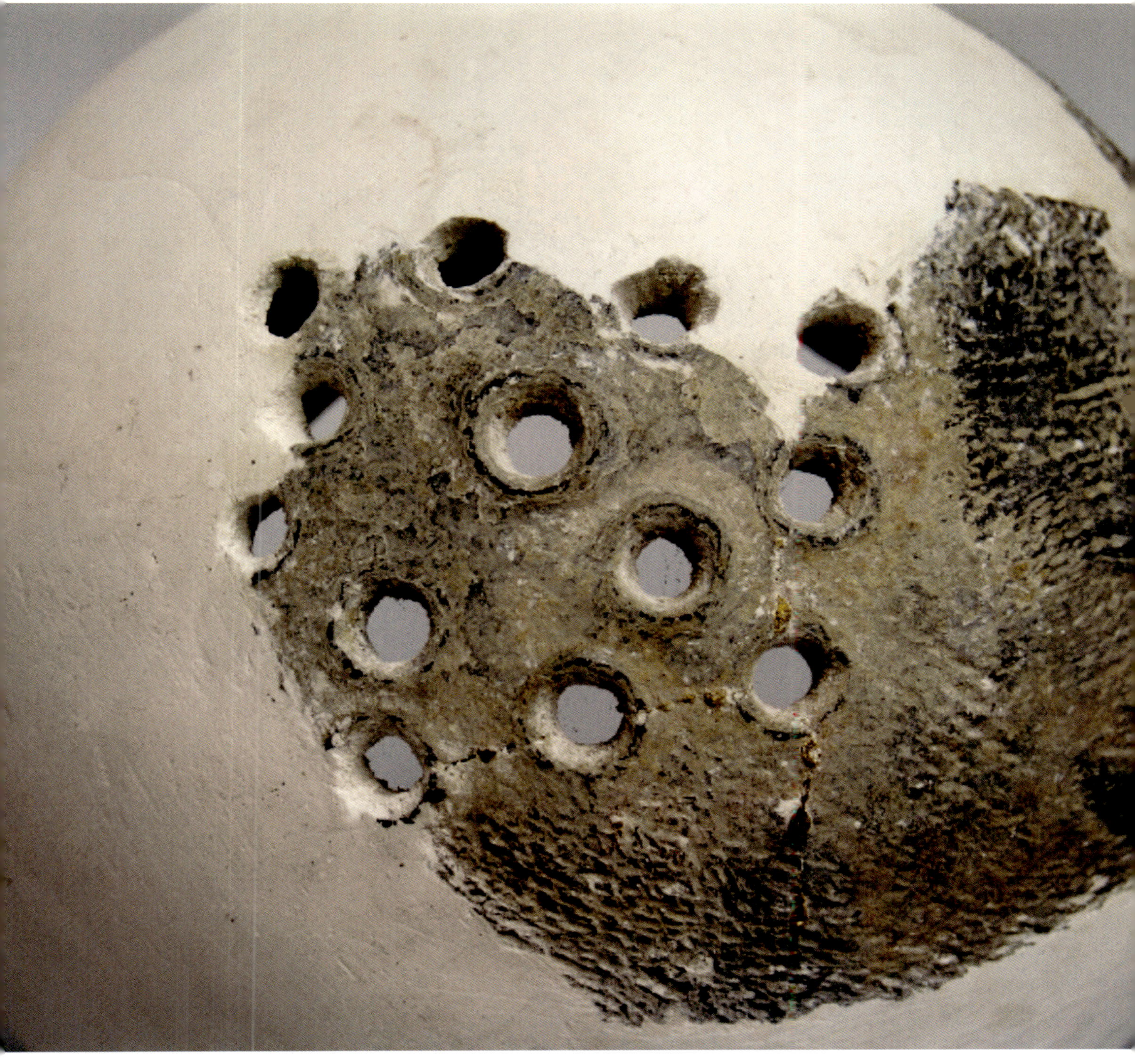

中国南方地区最早的家猪

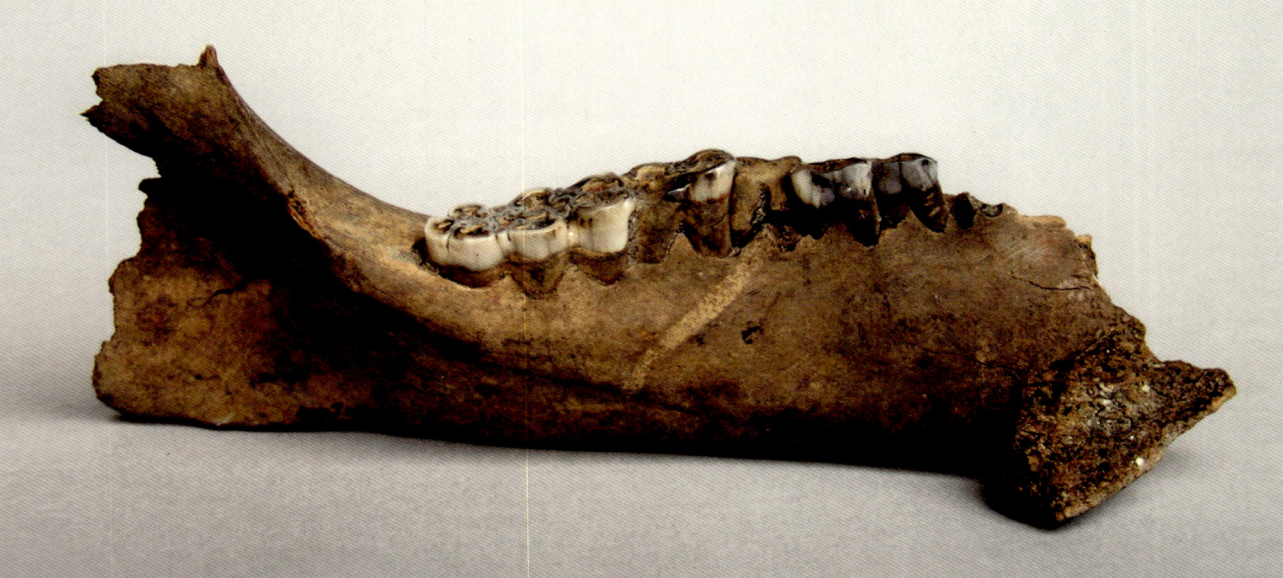

猪下颌骨（跨湖桥遗址出土）

标本为猪左下颌骨，长21厘米，宽8厘米，保存基本完整，推测属于雌性个体。这例出土于跨湖桥遗址的猪下颌骨是中国南方地区迄今为止发现的最早的家猪遗骸。野猪在被驯化的过程中，随着饮食习惯和食物结构的改变，会引起体质上的适应性改变，具体表现为下颌骨缩短、牙齿特征弱化等。但是牙齿尺寸的改变比骨骼尺寸的改变要缓慢很多，下颌骨缩短导致牙床变小，牙齿的尺寸却没有相应变小，这样就出现了牙齿被挤出牙床，形成齿列扭曲不整齐的错齿现象。可以清楚看到，这块猪下颌骨标本的牙齿排列明显扭曲，错齿现象相当明显，证明跨湖桥先民已经开始对家猪的饲养，并且可以推断家猪的实际驯化时间要早于跨湖桥文化时期。

中国南方地区最早的玉器

玉璜（跨湖桥遗址出土）

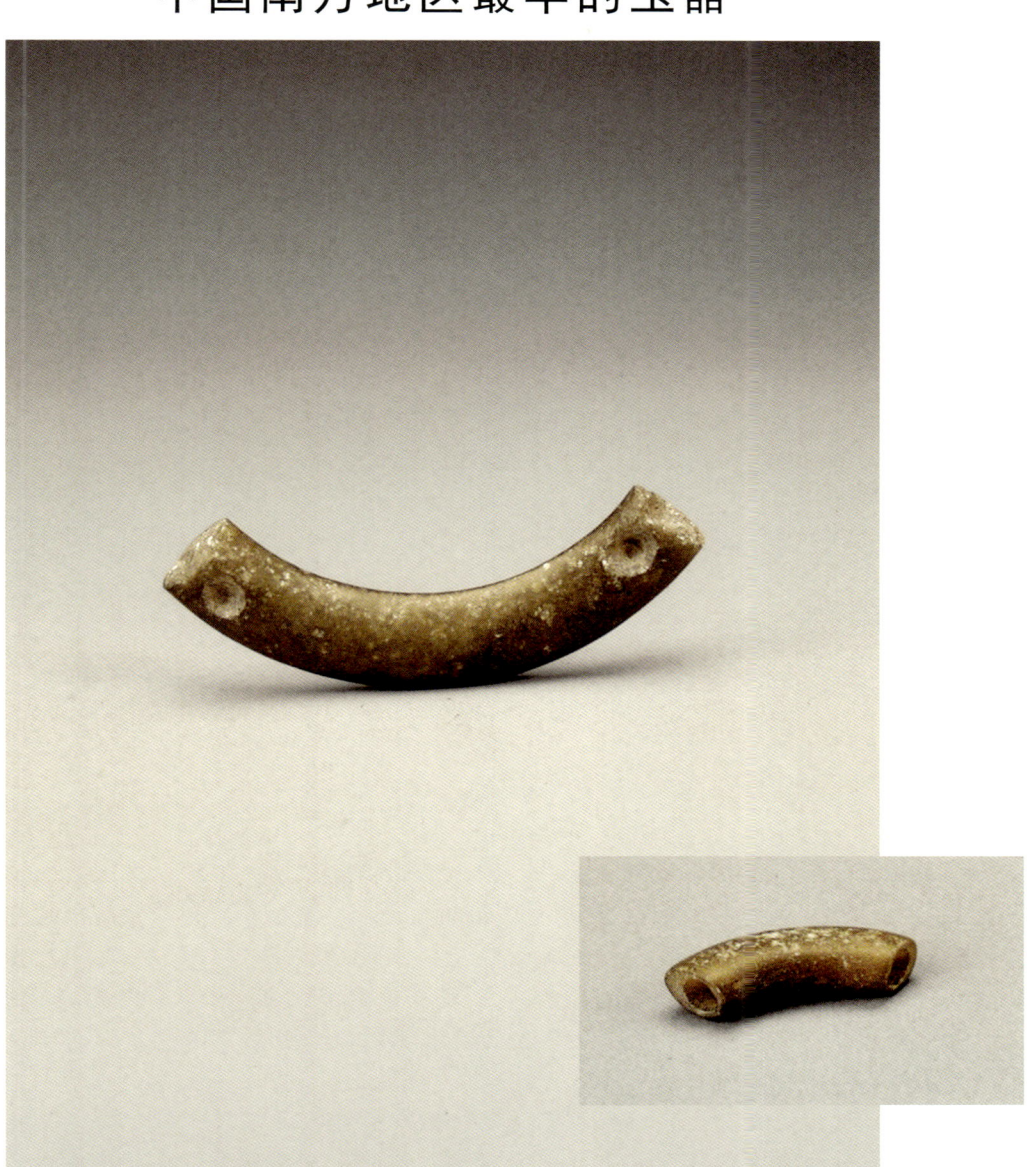

跨湖桥遗址出土的两件玉璜是中国南方地区最早的玉器之一。一件长2.7厘米，直径0.7厘米；另一件长6厘米，直径0.6厘米。质料均是硬度较低的云母。璜作为挂饰，除了通体精磨，还需要穿孔。从孔的痕迹看，大孔采用实心对钻技术，利用燧石等锐器相对旋钻，形成漏斗形的深孔，对钻面穿透器耳，小孔则利用锐器单向旋钻，展现出跨湖桥先民精湛的治孔技术和对美的追求。

石轮（残，下孙遗址出土）

下孙遗址 The Xiasun Site

下孙遗址位于杭州市萧山区城厢街道湘湖村原湘湖一条被废弃河道的河床上，距离跨湖桥遗址东北2千米处，海拔4.05米。遗址从20世纪60年代末开始遭受湘湖砖瓦厂（后改名为萧山砖瓦厂）的取土破坏。2003年10月至2004年1月，对下孙遗址进行了考古发掘，共挖掘10米×10米正方向探方8个，实际发掘面积550平方米。根据^{14}C测年结果和出土文物特征，推测下孙遗址属于跨湖桥文化。

遗址文化层单薄。红烧土、石头遗迹集中分布在发掘区东部，灰坑、柱洞遗迹集中分布在发掘区西部。出土遗物以陶器、石器为主，另有极少量的骨（牙）器。陶器构成相对单调，陶质分夹炭、泥性夹炭、夹砂、夹蚌四种，器形有釜、罐、盆、盘、圈足器及少量的线轮、釜支子、陶拍等，以圜底、圈足、平底为主要形态。其中釜、罐、盘等器形与跨湖桥遗址出土文物形制基本一致。纹饰也以绳纹为主，还有米粒纹、刻划纹、弦纹及镂空等。石器包括石锛、石斧、石凿、石锤等，以锛、斧、磨石为主的工具组合也与跨湖桥遗址出土文物形制相同。

下孙遗址的发现，为跨湖桥文化命名提供了必要条件。

石锛（下孙遗址出土）

石锤（下孙遗址出土）

石斧（下孙遗址出土）

石凿（下孙遗址出土）

陶支座（下孙遗址出土）

陶拍（下孙遗址出土）

考古小知识

考古学文化

考古学文化是考古学研究的重要概念，指存在于一定的时间和空间的一组具有特征的实物遗存，用以表示考古遗存中（主要是史前时期）属于同一时期有地方特征的文化共同体。考古学文化的概念，对推动考古学研究的发展有不可估量的重要作用，特别是对没有或只有较少可靠文献记载的新石器时代和青铜时代早期的研究很有意义。考古学文化在某种意义上是人们认识成组物质文化遗存与特定人群及社会之间关系的桥梁。

什么是跨湖桥文化
What's the Kuahuqiao Culture

跨湖桥文化是一种存在于距今8300～7200年，
以钱塘江—杭州湾为中心分布区，
以上游山地为依托，
向河口平原拓展，
面向海洋的考古学文化。

跨湖桥文化遗址分布图
The Distribution of the Kuahuqiao Culture Sites

目前，浙江全域共发现跨湖桥文化遗址15处，分布范围进一步向东向西扩展，面积近3万平方千米。

近年来，跨湖桥文化最重要的考古成果是余姚井头山遗址的发掘。井头山遗址是中国沿海埋藏最深、年代最早的海岸贝丘遗址，具有浓厚而鲜明的海洋文化属性，是中国新石器时代考古与全新世海洋环境变迁研究的一次重大突破，也为研究西太平洋地区南岛语族的起源提供了宝贵材料。

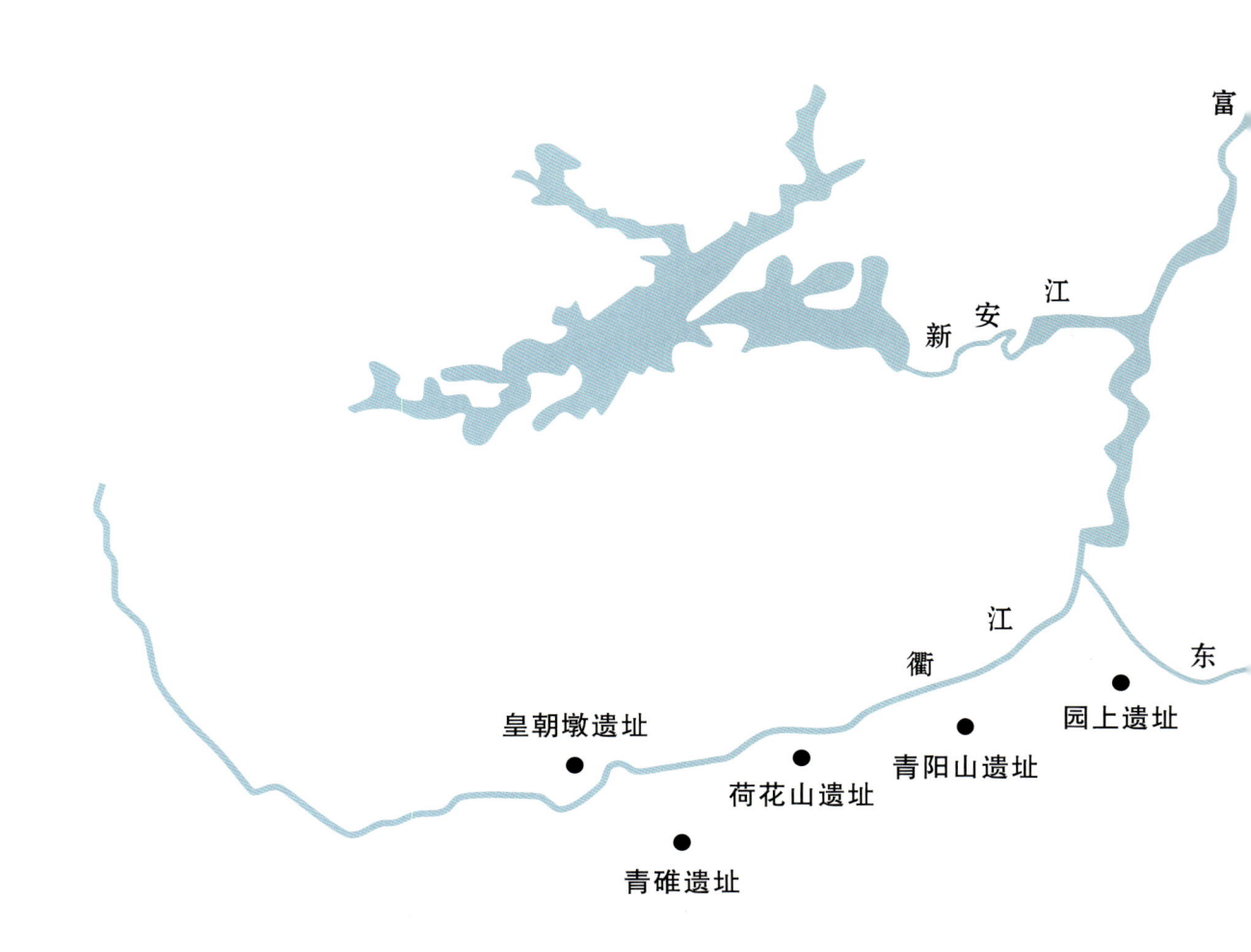

勇立潮头——跨湖桥考古学文化命名

杭州湾

火叉兜遗址

钱塘江

跨湖桥遗址
下孙遗址

春江

曹娥江

井头山遗址

浦阳江

上山遗址

小黄山遗址

桥头遗址

江阳

百亩塘遗址

始丰溪

峙山头遗址

下汤遗址

安溪

永

灵江

02 百舸争流
——20年跨湖桥考古新发现
The New Archaeological Discoveries of the Kuahuqiao Culture in the Past 20 Years

上山遗址
The Shangshan Site

上山遗址位于金华市浦江县黄宅镇渠南村的北部，钱塘江南系支流浦阳江的上游，一条名叫蜈蚣溪的小河在遗址的东侧通过，南距浦阳江干流约1千米。

上山遗址北区的第③、④两层，发现了明确的跨湖桥文化层，并存在一条跨湖桥文化时期的壕沟。叠压在跨湖桥文化层之下的是更早的第⑤层，属上山文化遗存，因此将跨湖桥文化层简称为"上山遗址中层"。

上山遗址中层出土遗物主要为石器、陶器，其基本特征与跨湖桥文化同类器一致。

百舸争流——20年跨湖桥考古新发现

上山遗址俯视全景图

圈足盘（上山遗址出土）

八千年的回响——跨湖桥文化命名20周年成果展

上山遗址北区的第③、④两层，发现了明确的跨湖桥文化层

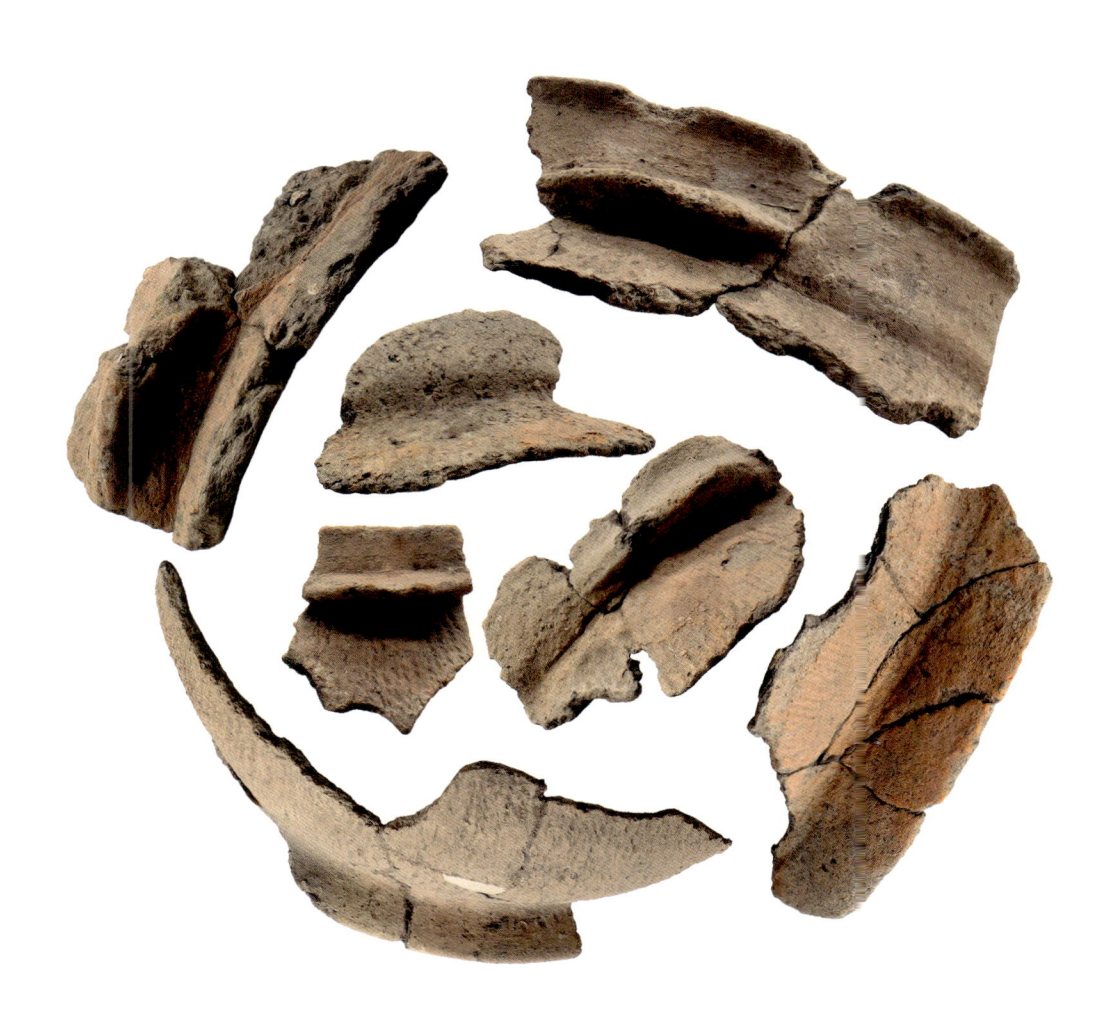

釜口沿（上山遗址出土）

八千年的回响——跨湖桥文化命名20周年成果展

圈足器（上山遗址出土）

器盖（上山遗址出土）

磨制石器（上山遗址出土）

带耳筒状陶片（上山遗址出土）

陶盘（上山遗址出土）

口沿片（上山遗址出土）

陶罐口沿（上山遗址出土）

小黄山遗址
The Xiaohuangshan Site

小黄山遗址位于嵊州市甘霖镇上杜山村，地处曹娥江上游支流剡溪流域。遗址坐落在相对高度约10米的古台地上，周围为河谷平原。遗址分A、B两区，A区以上山文化堆积为主，B区以跨湖桥文化堆积为主。B区遗存中，陶器以夹砂黑陶为主，器形以陶釜居多，基本特征为敞口、宽沿，沿面内凹，折肩、圜底。肩以下排印交叉绳纹。另外，还有敛口圜底钵、双腹豆、甑等器物。陶器纹饰除交叉绳纹外，还有条带状红彩、镂孔放射纹等。

陶豆（小黄山遗址出土）

陶罐（小黄山遗址出土）

陶钵（小黄山遗址出土）

陶盘（复原，小黄山遗址出土）

八千年的回响——跨湖桥文化命名20周年成果展

器盖（小黄山遗址出土）

陶钵（小黄山遗址出土）

陶钵（小黄山遗址出土）

陶钵（小黄山遗址出土）

陶甑（小黄山遗址出土）

陶罐（小黄山遗址出土）

八千年的回响——跨湖桥文化命名20周年成果展

圈足盘（小黄山遗址出土）

陶钵（小黄山遗址出土）

釜口沿（小黄山遗址出土）

釜口沿（小黄山遗址出土）

彩陶片（小黄山遗址出土）

桥头遗址发掘现场

桥头遗址
The Qiaotou Site

　　桥头遗址位于金华江支流义乌江流域的义乌市桥头村，遗址以上山文化晚期为主，上层属于跨湖桥文化阶段遗存。与上山文化晚期粗泥红陶的总体面貌相比，桥头遗址出土的陶器颜色明显变深，夹炭比例变高，发现少量绳纹。

　　器形主要有罐、平底盘等。罐呈侈口、卷沿，沿面微凹，胎壁均匀，夹细砂夹炭红衣陶。更具时代特征的是浅腹平底盘，均为宽平沿、矮腹，夹砂夹炭红衣陶，红衣多脱落。

桥头遗址俯视图

八千年的回响——跨湖桥文化命名20周年成果展

陶器（残，桥头遗址出土）

陶钵（桥头遗址出土）

八千年的回响——跨湖桥文化命名20周年成果展

平底盘（桥头遗址出土）

穿孔陶片（桥头遗址出土）

陶纺轮（桥头遗址出土）

八千年的回响——跨湖桥文化命名20周年成果展

陶拍（桥头遗址出土）

残陶器（桥头遗址出土）

陶饼（桥头遗址出土）

圈足盘（桥头遗址出土）

石磨盘（桥头遗址出土）

石锛（桥头遗址出土）

石斧（桥头遗址出土）

磨饼（桥头遗址出土）

石镞（桥头遗址出土）

石锛（桥头遗址出土）

荷花山遗址
The Hehuashan Site

　　荷花山遗址位于衢州市龙游县湖镇镇邵家自然村南侧,坐落在海拔65米、相对高度约15米的山丘上,分东、西两区。东区以上山文化堆积为主,西区则以跨湖桥文化堆积为主。西区遗存发现大量的砾石石器和较丰富的打制石器,陶器也比较丰富。其中侈口微敛、沿外侧置对称舌形錾的绳纹陶釜,以及圜底钵、石锤、青灰岩石锛等,都具有跨湖桥文化特征。

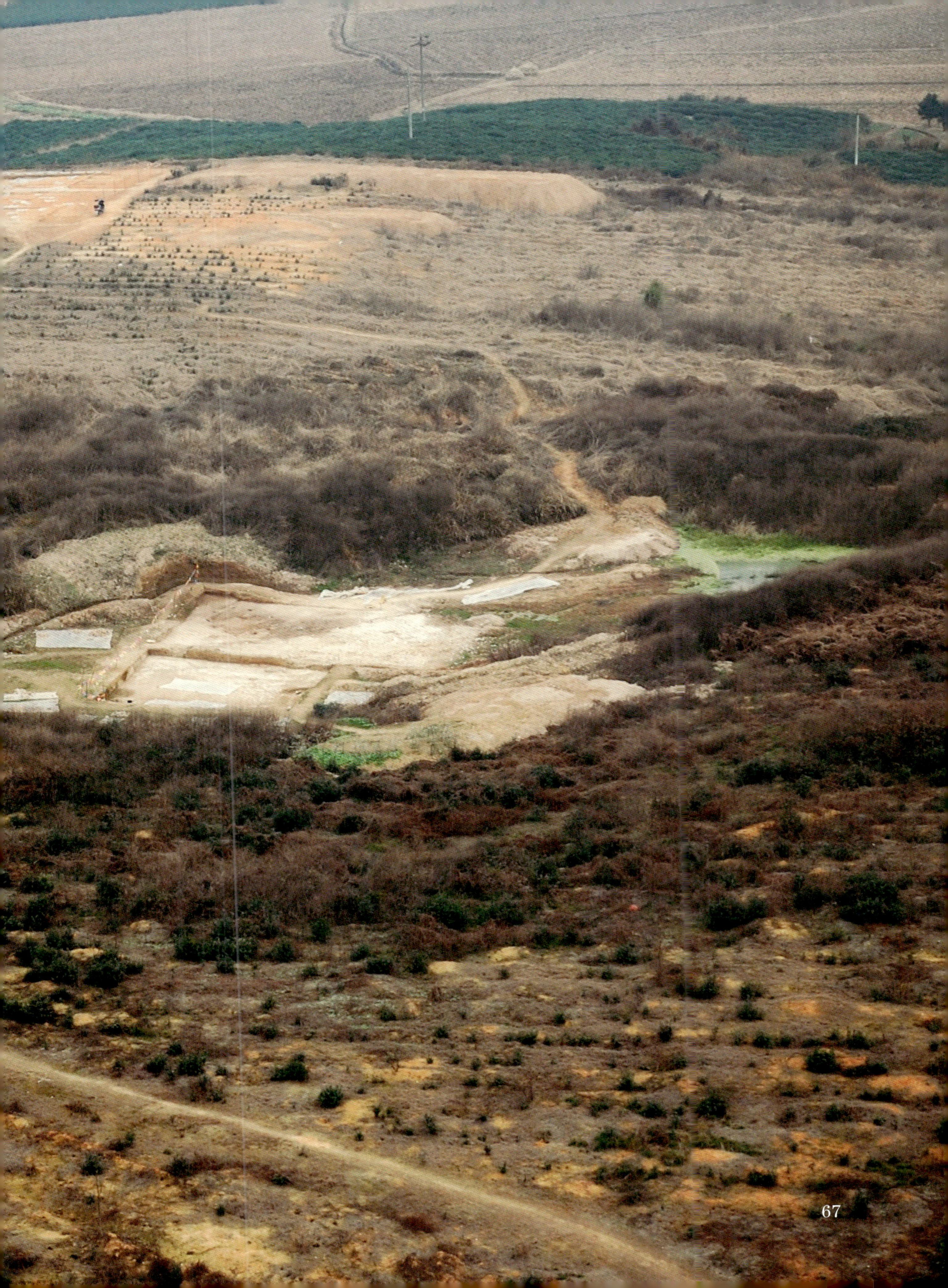

釜口沿（荷花山遗址出土）

釜口沿（荷花山遗址出土）

圈足器（荷花山遗址出土）

残罐耳（荷花山遗址出土） 　　　　　残鍪（荷花山遗址出土）

黑光陶片（荷花山遗址出土） 　　　　　条纹彩陶片（荷花山遗址出土）

陶片（荷花山遗址出土）

青碓遗址
The Qingdui Site

　　青碓遗址位于衢州市龙游县龙洲街道寺后村西，灵山江西岸，海拔50多米。所在位置原有一个相对高度约1.5米左右的丘堆。丘堆在数十年中因被取土，现已夷为平地。遗址的上层为跨湖桥文化遗存，下层为上山文化遗存。上层陶器包括夹炭、夹砂两种陶系，陶色总体偏灰黑，主要器物有凹沿侈口釜、浅腹平底盘、双耳罐、圈足器，装饰以绳纹为主，还有弦纹、米粒纹、镂孔等，典型的牛鼻耳出现。石器有石锛、磨石、石片等。

青碓遗址

陶盆（青碓遗址出土）　　　　　　　　釜口沿（青碓遗址出土）

青阳山遗址

青阳山遗址
The Qingyangshan Site

　　青阳山遗址位于金华市婺城区汤溪镇下伊村西北部，其所在地为金衢盆地中南部一个典型的二级阶地。遗址西临厚大溪，海拔40～50米。遗址西北部地势较平坦，东南部多山地缓丘。

　　青阳山遗址分南、北两区，其中北区以上山文化时期堆积为主体遗存，南区以跨湖桥文化时期堆积为主。对南区的试掘表明，第④、⑤两层属跨湖桥文化堆积，出土陶器以夹炭陶为主，其次是夹砂陶，质地粗疏。器表多施红色陶衣，纹饰有绳纹、刻划纹和附加堆纹等，多见鸡冠状錾耳。器形有釜、圈足盘、卷沿罐、双耳罐等，多圜底器、圈足器和平底器。石器基本都是磨制，以石锛、石凿为主。经测年，青阳山遗址跨湖桥文化时期遗存的年代距今约7700年。

百舸争流——20年跨湖桥考古新发现

青阳山出土文物

青阳山遗址地形地貌图

园上遗址
The Yuanshang Site

园上遗址位于金华市婺城区白龙桥镇清塘下村南部，村庄环绕遗址东、北、西三面，南部紧邻清塘水库，海拔约60米。

经调查和勘探，遗址保存较好，分布面积约5万平方米。遗址东部发现一段长约60米、宽12～20米的壕沟遗迹，可能是遗址的环壕。根据遗址地表采集的陶片和铲刮自然断面情况，遗址年代最早为上山文化时期，并经过跨湖桥文化和钱山漾文化等时期的发展，终于商周时期。

遗址不同区域的地层堆积现象不尽相同。东北部已探明的部分区域，普遍存在跨湖桥文化时期地层分布，厚1.6～3米，局部可达3.5～4米，并发现大范围红烧土分布现象。这一区域采集到大量跨湖桥文化时期的陶片，陶系有夹炭陶和夹砂陶之分，器表多呈黑褐色、红褐色和黄褐色，可辨器形主要有凹沿釜、浅腹盘、双耳罐、折沿罐等。纹饰多见绳纹，另见少量戳点纹、波折纹、短线纹、附加堆纹等。

园上遗址地形地貌图

园上遗址细部

釜口沿（园上遗址出土）

釜口沿（园上遗址出土）

园上遗址发掘现场

陶片（园上遗址出土）

百舸争流——20年跨湖桥考古新发现

圈足器（园上遗址出土）

筒形罐（来自同一件器物，园上遗址出土）

陶盘（园上遗址出土）

陶罐（园上遗址出土）

石锛（园上遗址出土）

皇朝墩遗址
The Huangchaodun Site

皇朝墩遗址位于衢州市衢江区莲花镇犁金园村，系2023年4月在衢州机场迁建工程的考古前置工作中新发现的一处上山文化至跨湖桥文化时期环壕聚落遗址。

皇朝墩遗址范围包括南、北两处台地及外围壕沟，经初步试掘，其年代均为上山文化中期至跨湖桥文化时期，整体分布面积近5.5万平方米。

皇朝墩遗址是目前发现的地理位置在最西面的跨湖桥文化遗址，为探讨跨湖桥文化遗址的分布，以及上山文化与跨湖桥文化的演化问题提供了新的重要材料。

皇朝墩遗址是迄今为止发现的上山文化至跨湖桥文化时期最完整的环壕聚落遗址，周围生态环境保存极为完好，为进一步了解这一时期聚落遗址的总范围、遗址景观提供了不可多得的材料，是上山文化至跨湖桥文化考古的重大收获。

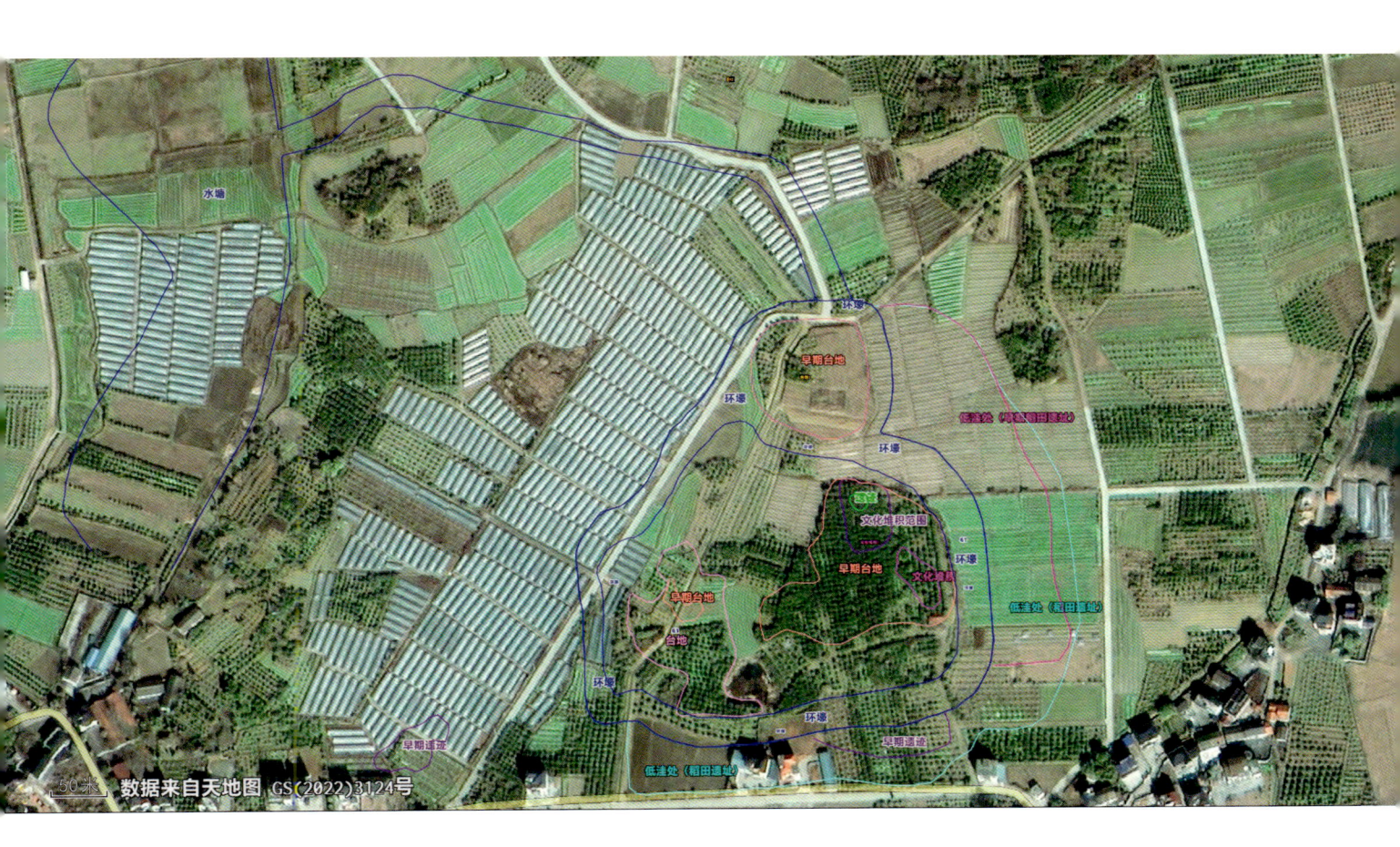

百舸争流——20年跨湖桥考古新发现

皇朝墩遗址地形地貌图

陶盆（复原，皇朝墩遗址出土）

陶盘（复原，皇朝墩遗址出土）

陶盘（复原，皇朝墩遗址出土）

陶钵（复原，皇朝墩遗址出土）

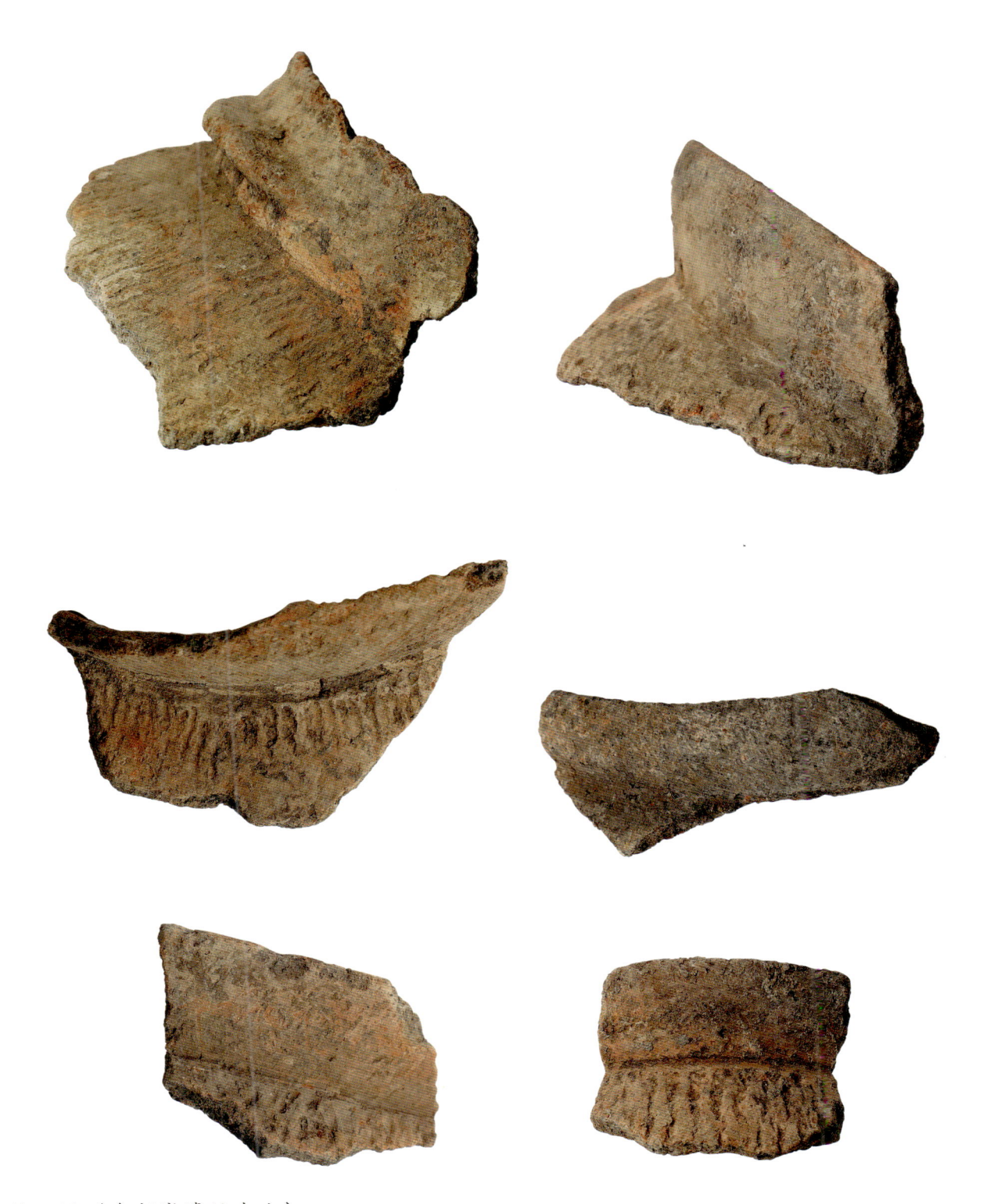

釜口沿（皇朝墩遗址出土）

圈足（皇朝墩遗址出土）

陶片（皇朝墩遗址出土）

罐底（皇朝墩遗址出土）

彩陶片（皇朝墩遗址出土）

绳纹陶片（皇朝墩遗址出土）

峙山头遗址
The Shishantou Site

峙山头遗址地处灵江下游的台州临海市小芝镇南丰村。遗址主要分布在一靴形山岗上及东部坡脚下，海拔60~85米。山体东南坡紧邻小芝溪，小芝溪于临海市区汇入灵江。峙山头遗址出土了折肩绳纹釜等典型的跨湖桥文化陶器。

百舸争流——20年跨湖桥考古新发现

峙山头遗址及全景图

陶片（峙山头遗址出土）

石器（峙山头遗址出土）

陶片（峙山头遗址出土）

下汤遗址
The Xiatang Site

下汤遗址位于台州市仙居县横溪镇下汤村北一个俗名为太墩的高地上，高出周围2米许，面积约2.5万平方米。其周围多山，三面环河，浙江第三大河椒江水系的灵江上游永安溪流经遗址南面。

下汤遗址发现于1980年，出土遗物多为调查采集品，年代跨度较大，其中的新石器时代遗存，过去一直没有被认定文化性质。自上山文化、跨湖桥文化被命名后，才发现下汤遗址出土的大量遗存属于上山文化和跨湖桥文化，其中的双耳罐、浅腹平底盘、绳纹釜残片，均可以与上山文化中层、小黄山遗址B区等进行比较。

下汤遗址全景图

百舸争流——20年跨湖桥考古新发现

下汤遗址

陶釜（下汤遗址出土）

下汤遗址动物骨骼标本

1. 骨制品（残）(T22⑮淘洗:800)
2. 磨制骨器（残）(T22⑮淘洗:318)
3. 蛙科肱骨远端左侧(T22⑮淘洗:121)
4. 蛙科桡尺骨近端左侧(T22⑮淘洗:319)
5. 猪肱骨右侧远端(T22⑮淘洗:94)
6. 鳖甲碎片(T22⑮淘洗:96)
7. 鳖股骨骨干左侧(T22⑮淘洗:120)
8. 鳖股骨骨干右侧(T22⑮淘洗:119)
9. 淡水贝壳（幼）(T22⑮淘洗:116)
10. 鱼第一脊椎(T22⑮淘洗:105)
11. 鱼脊椎(T22⑮淘洗:104)

八千年的回响——跨湖桥文化命名20周年成果展

釜口沿（下汤遗址出土）

98

百舸争流——20年跨湖桥考古新发现

彩陶片（下汤遗址出土）

器耳（下汤遗址出土）

浅盘（下汤遗址出土）

带耳折肩罐残片（百亩塘遗址出土）

百亩塘遗址
The Baimutang Site

　　百亩塘遗址位于台州市天台县平桥镇百井村百亩塘自然村，地处天台盆地西部，为始丰溪冲刷形成，海拔69～75米。百亩塘遗址的主体年代属于跨湖桥文化时期，出土的陶器、石器具有较强的地方特色。早期阶段具有上山文化与跨湖桥文化过渡特征，方格纹、绳纹陶釜与平底盘、平底钵共存。遗址还出土了猪、梅花鹿、狗獾、中型鸟类等动物遗存。

百舸争流——20年跨湖桥考古新发现

百亩塘遗址灰坑

八千年的回响——跨湖桥文化命名20周年成果展

陶盆残片（复原，百亩塘遗址出土）

假圈足盘（复原，百亩塘遗址出土）

平底盘残片（百亩塘遗址出土）

平底盘残片（复原，百亩塘遗址出土）

平底盆残片（复原，百亩塘遗址出土）

八千年的回响——跨湖桥文化命名20周年成果展

釜口沿（百亩塘遗址出土）

釜残片（百亩塘遗址出土）

双耳罐残片（百亩塘遗址出土）

带耳陶釜残片（百亩塘遗址出土）

残圆陶片（百亩塘遗址出土）

井头山遗址
The Jingtoushan Site

井头山遗址位于杭州湾以南的宁绍地区东部、四明山脉脚下，临近河姆渡遗址，遗址周围地面海拔仅2米左右。遗址总面积2万多平方米，年代距今8300～7800年。

遗址文化层深埋于现地表5～10米之下。文化堆积自西向东大致分为三大段：上坡处有一些灰坑（部分可确定是食物储藏坑）、露天烧土堆、生长的树木等居住生活的遗迹；中段是厚度2米左右的较单纯贝壳等生活废弃物的堆积场所；东段是加工器物和处理食物的靠近滩涂的遗址边缘的生产遗迹区。发现的10多处灰坑，位于村落边缘靠近滩涂的区域，其中3处灰坑中还保留着满坑的橡子、麻栎果等植物果子，多数灰坑近底部还残留一些完整的橡子或麻栎果，有些灰坑在废弃后已被填埋很多生活垃圾。因此，总体上看，这些灰坑原本大多是食物储藏处理坑。

井头山遗址出土的陶器、石器、骨器、贝器、木器、编织物等人工器物达400多件。陶器，已修复30多件。陶质分为夹砂陶、夹炭陶、夹细砂陶等，纹饰主要有绳纹、浅方格纹等，部分器表装饰红衣或黑衣。器形有卷沿敞口釜（饰绳纹、方格纹）、支脚、平底盆、圈足盘、红衣陶深腹罐、杯、碗、壶、拍等。石器较少，有斧、锛、锤、凿、镞、石球、垫饼、磨石等。骨器较多，有100多件，器形和工艺简单，有镞、锥、凿、鱼镖、笄、哨、鹿角锥、针等。贝器，共出土数十件，是浙江省考古史上首次发现，用近江牡蛎壳加工而成，功能应与河姆渡文化的骨耜相近。木器，共出土上百件，有桨、矛、柄、杵、点种棒、双尖头棍、碗、带销钉木器、扁担形器等。其中数量最多、加工最特殊的是挖凿有规整椭圆形卯孔的"刀"形器柄，推测它们应是与石斧、石锤等石器组装使用的木工工具。编织物，出土10多件，均包裹在海相沉积淤泥中，保存极好，但野外清理难度很大。器物种类有筐、篓、篮、席、扇、鱼罩等生活用器，以及渔网残块。它们所显现的编织工艺已相当先进和熟练，是中国新石器时代遗址中年代最早、保存最好、工艺最为熟练的一批编织物。编织材料大致有细竹子和芦苇秆两种。

另外，还有人工利用后废弃的自然遗存：大量动植物、石块遗存。动物遗存中最多的是海生贝壳。

百舸争流——20年跨湖桥考古新发现

井头山遗址

陶釜（井头山遗址出土）

陶支脚（井头山遗址出土） 　　陶支脚组合（复制品2件）

陶釜与陶支脚组合

井头山遗址发掘现场

彩陶盆（井头山遗址出土）

陶盆（井头山遗址出土）

木碗（井头山遗址出土）

陶碗（井头山遗址出土） 　　陶杯（井头山遗址出土） 　　陶拍（井头山遗址出土）

釜口沿（井头山遗址出土）

罐口沿（井头山遗址出土）

石斧（井头山遗址出土）

石锛（井头山遗址出土）

石砧（井头山遗址出土）

陶纺轮（井头山遗址出土）

推测的石斧和大小木柄组合安装方式 　　　　　木柄（井头山遗址出土）

鹿角锥（井头山遗址出土）　　骨笄（井头山遗址出土）　　骨锥（井头山遗址出土）

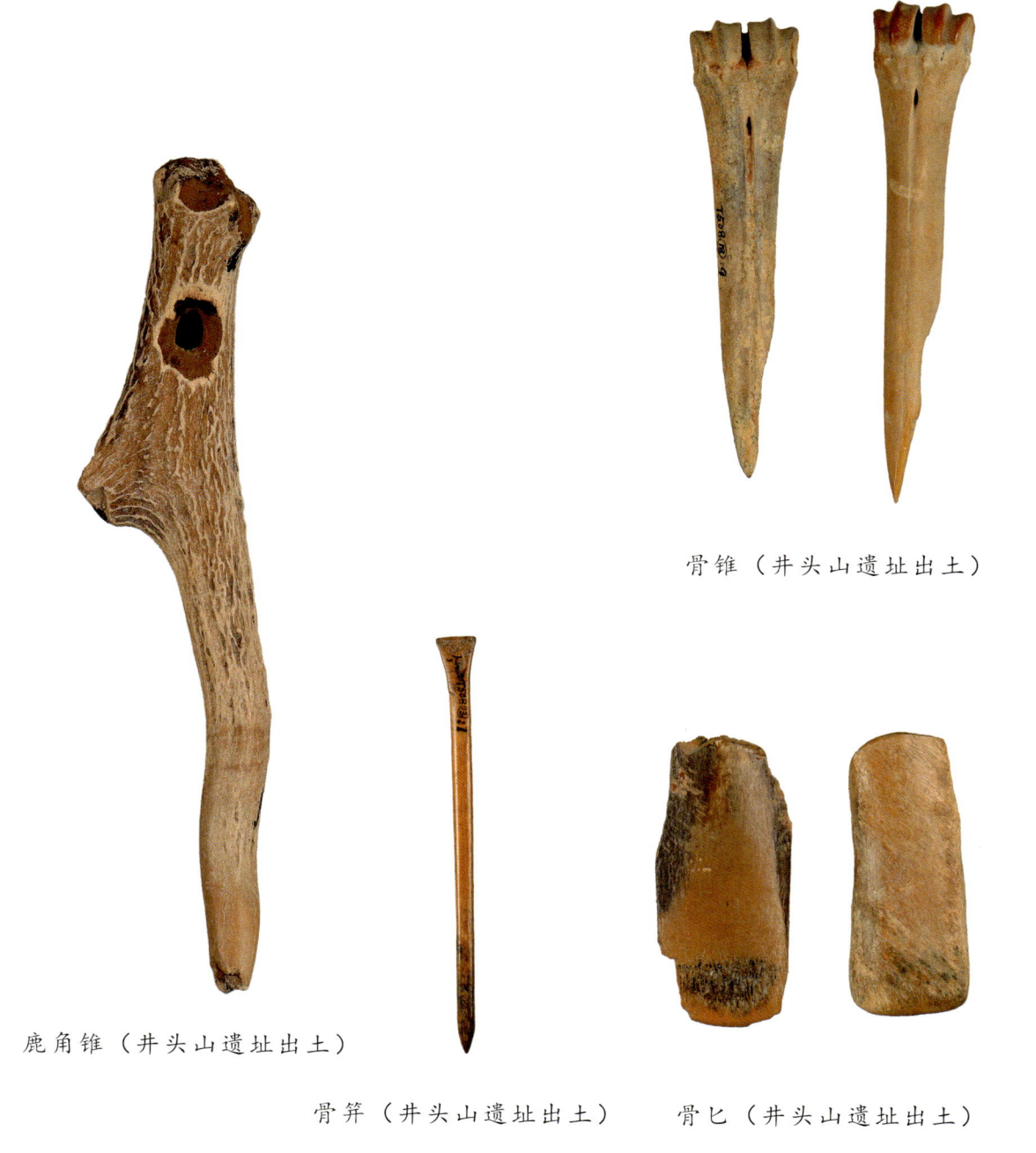

骨匕（井头山遗址出土）

骨凿（井头山遗址出土）

骨鱼镖（井头山遗址出土）

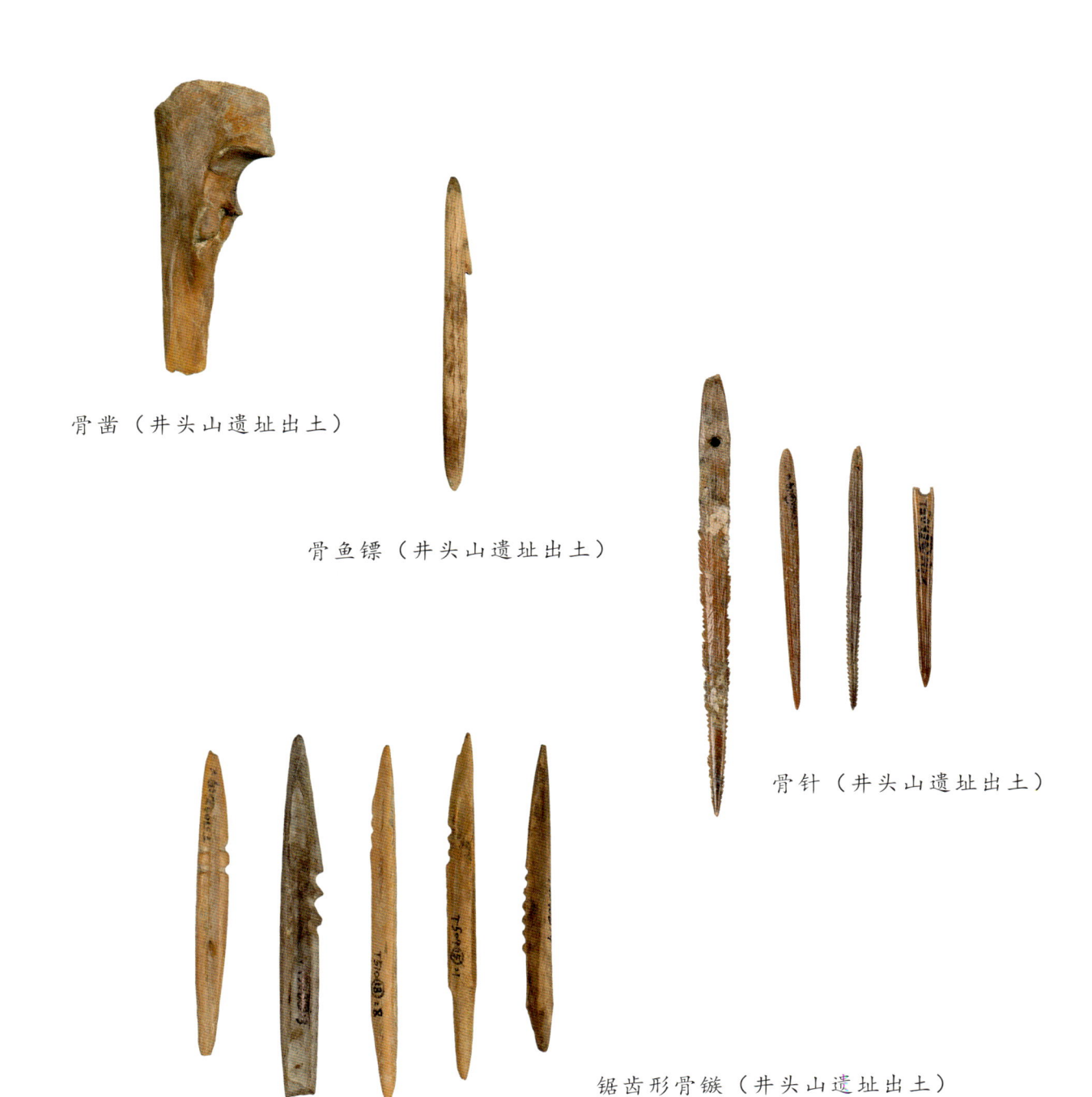

骨针（井头山遗址出土）

锯齿形骨镞（井头山遗址出土）

正面　　　　　　　背面

木桨（井头山遗址出土）

百舸争流——20年跨湖桥考古新发现

木桨出土状态

近江牡蛎壳（井头山遗址出土）

贝耜（井头山遗址出土）

百舸争流——20年跨湖桥考古新发现

小牡蛎壳（井头山遗址出土）

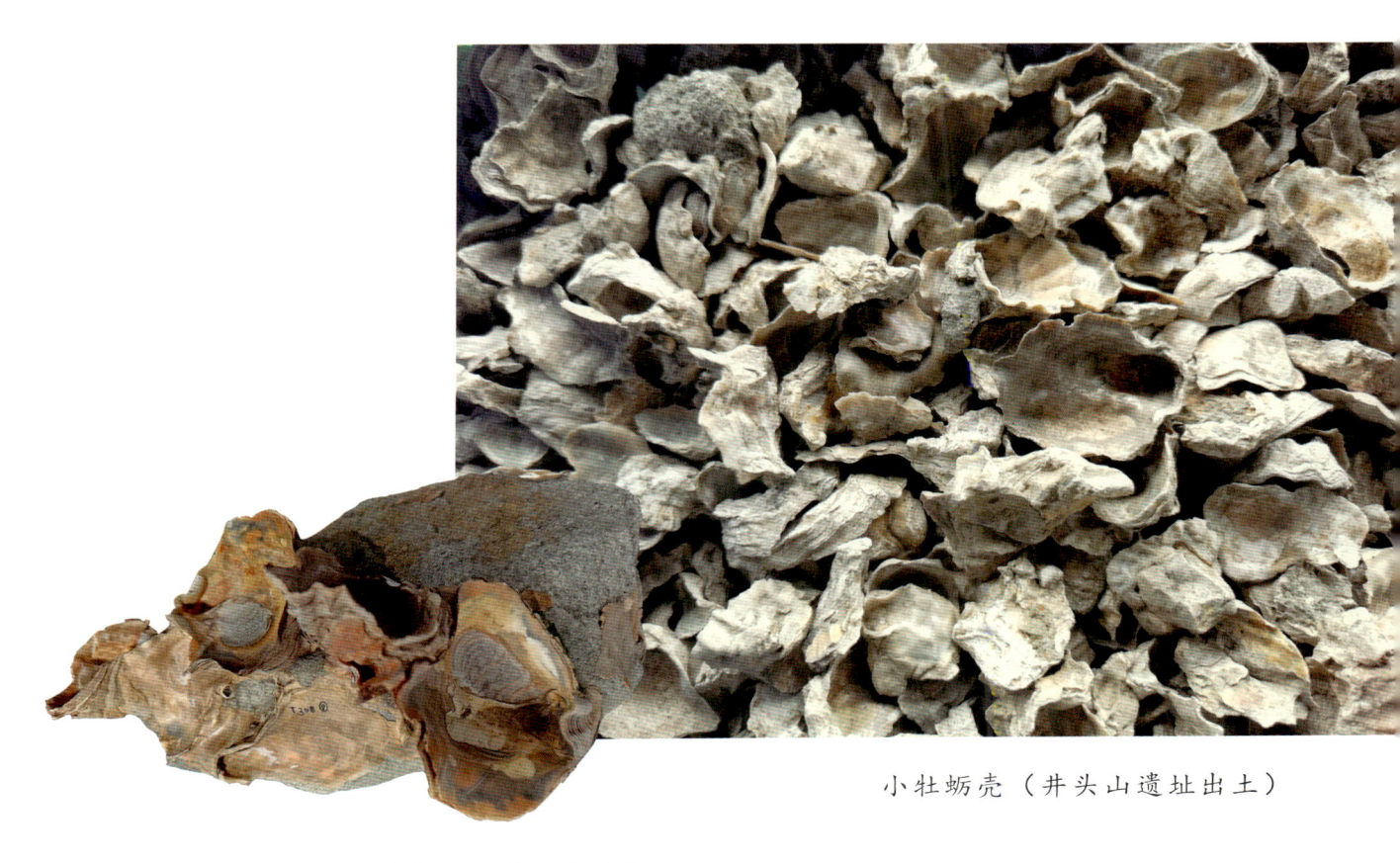

团聚牡蛎壳粘附的礁石（井头山遗址出土）

珠带拟蟹守螺（井头山遗址出土）

八千年的回响——跨湖桥文化命名20周年成果展

泥蚶壳（井头山遗址出土）

青蚶壳（井头山遗址出土）

蛏子壳（井头山遗址出土）

百舸争流——20年跨湖桥考古新发现

海螺（大，井头山遗址出土）

海螺（中，井头山遗址出土） 　　　　　　　　海螺（小，井头山遗址出土）

螃蟹螯（井头山遗址出土）

蛤蜊壳（井头山遗址出土）

百舸争流——20年跨湖桥考古新发现

黄鱼耳石（井头山遗址出土）

河豚鱼骨（井头山遗址出土）

海鱼脊椎骨（井头山遗址出土）

125

八千年的回响——跨湖桥文化命名20周年成果展

圣水牛头骨（井头山遗址出土）

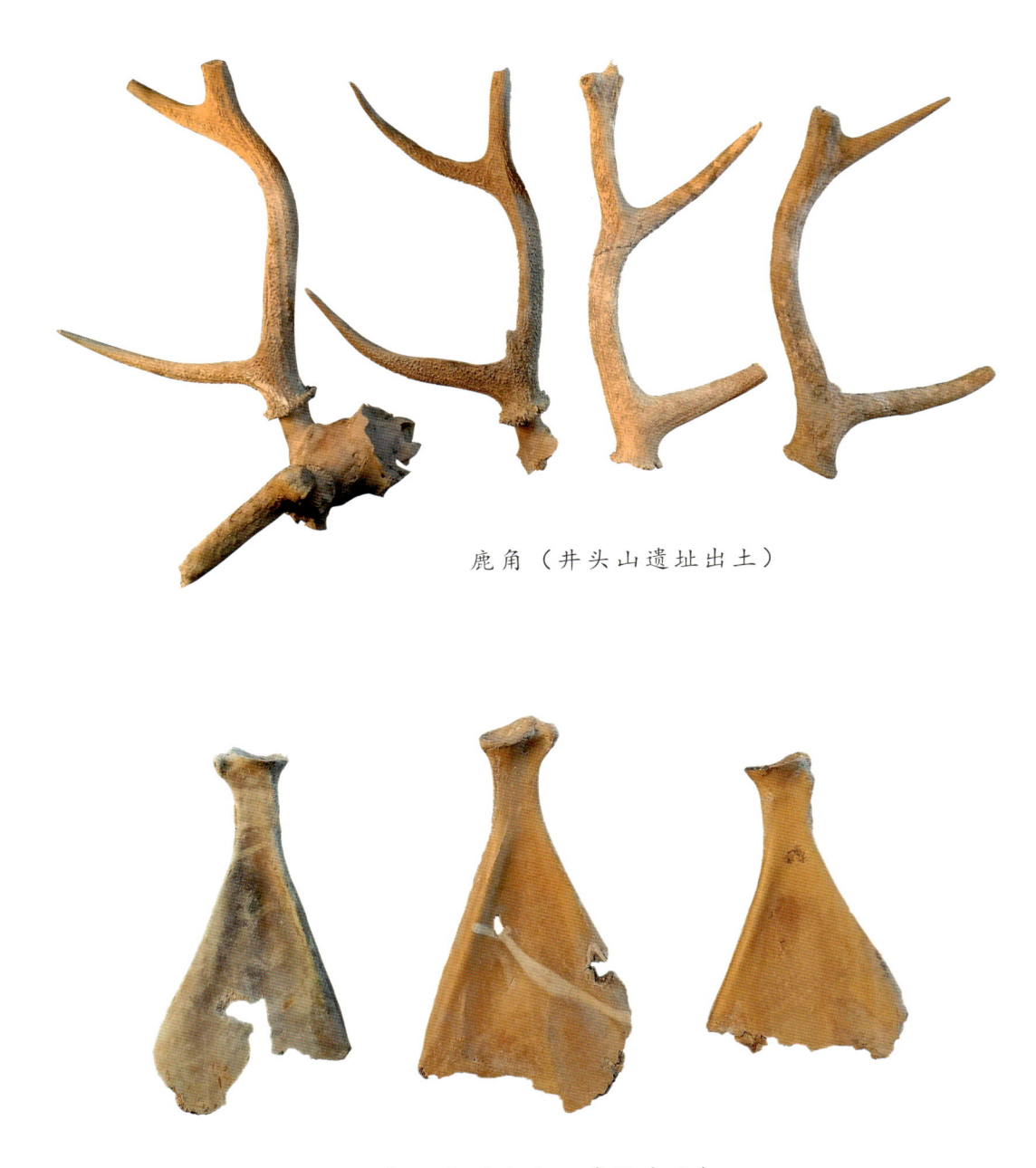

鹿角（井头山遗址出土）

鹿肩胛骨（井头山遗址出土）

八千年的回响——跨湖桥文化命名20周年成果展

桃核（井头山遗址出土）

松果（井头山遗址出土）

石锤（井头山遗址出土） 　　　　　石球（井头山遗址出土）

石镞　　石凿
（井头山遗址出土）　　　　螺哨（坠饰，井头山遗址出土）

火叉兜遗址
The Huochadou Site

火叉兜遗址位于杭州市余杭区良渚街道大雄山丘陵南麓，2014年调查发现，在25平方米的范围内有史前文化堆积，平均厚度20～30厘米。

经统计，史前文化层内出土陶片544块，分夹砂陶和夹炭陶两类。胎壁普遍较薄，以素面为主，绳纹占一定比例，另见少量附加堆纹。器形有釜、钵、罐、圈足器等，以釜为主。从胎质、器形、装饰风格判断，这些陶片均属跨湖桥文化。这是在钱塘江以北首次发现单纯的跨湖桥文化遗存，突破了跨湖桥文化不过钱塘江的固有认识，对浙江地区乃至环太湖流域早期文化的传播与影响，意义十分重大。

火叉兜遗址发掘现场

百舸争流——20年跨湖桥考古新发现

火叉兜遗址发掘区

口沿残陶片（火叉兜遗址出土）

03 浪遏飞舟

—— 20年跨湖桥文化内涵新认识

The New Understandings of the Kuahuqiao Culture in the Past 20 Years

03

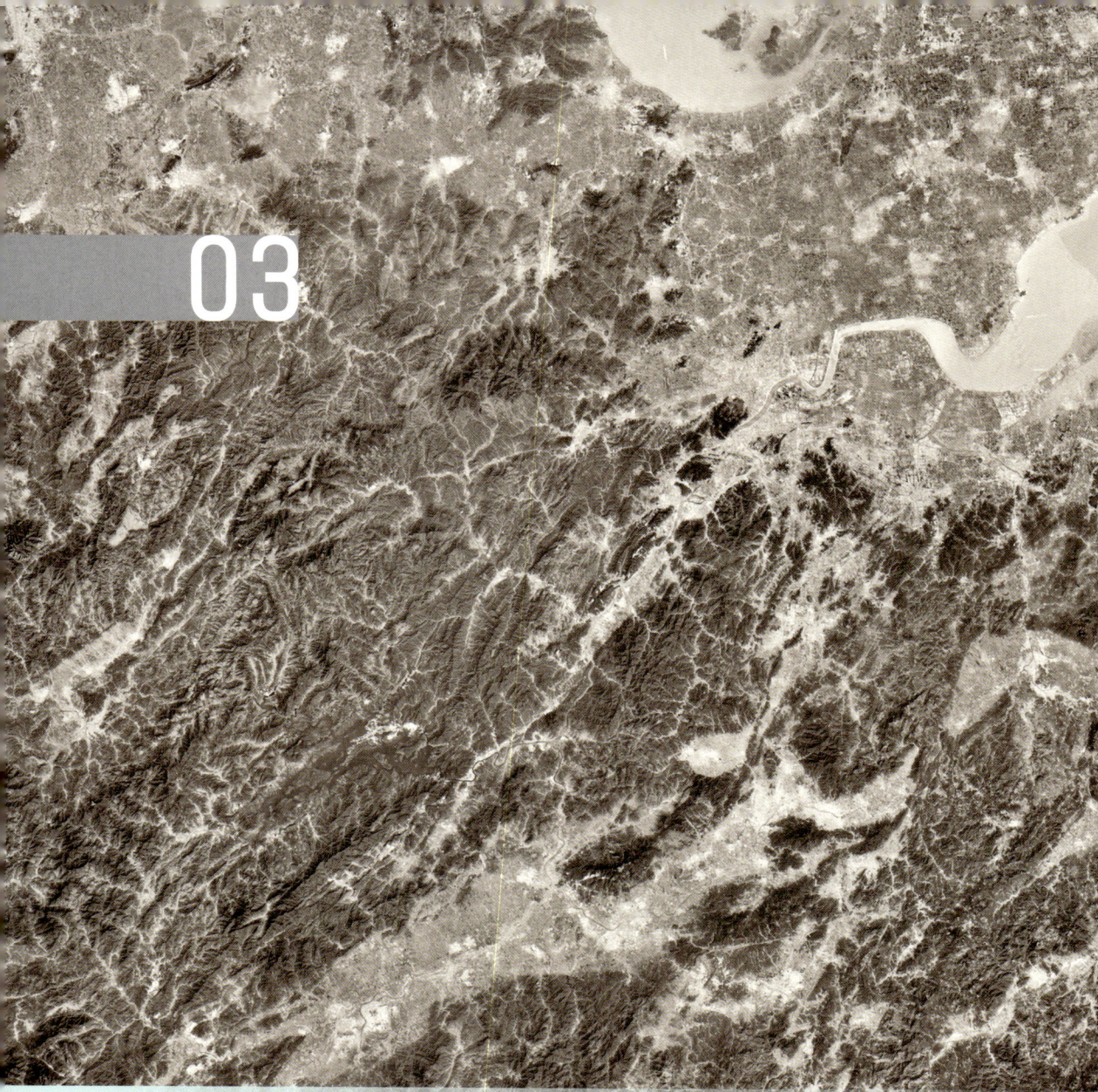

跨湖桥文化区域类型 The Regional Types of the Kuahuqiao Culture

  截至2024年，跨湖桥文化遗址已增加至15处，遍布在杭州、绍兴、宁波、台州、金华、衢州等地，分布范围达到近3万平方千米。

  这些遗址大多坐落于钱塘江南域，遗址大致呈东西向分布。可以将这些遗址归为两类：

1. 地势海拔5米以下的河口沿海类型。
2. 地势海拔一般在40米以上的上游盆地类型。

  地域分布反映出文化的分区特征，主要体现在陶器的变化上。鉴于目前公布的资料有限，这里主要分析跨湖桥、下孙、上山、小黄山、荷花山与青碓遗址。对这些遗址的内涵进行分析，其结果恰好呼应了上述地域分区。

结合石器、骨器等文化器物的情况，可将跨湖桥文化的文化类型作进一步的明确：

1. 河口沿海类型，代表性遗址有跨湖桥遗址、下孙遗址和井头山遗址。该文化类型出土的陶器更加丰富，制作精致，彩陶比例更高。遗址中发现海生物遗存。

2. 上游盆地类型，代表性遗址为荷花山遗址和青碓遗址。该文化类型出土的陶器器型相对简单，但普遍出现浅腹平底盘，除磨制石器外，还出现一定数量的打制石器。

3. 过渡类型，出土的陶器兼具两方面特征，以上山遗址、小黄山遗址为代表。

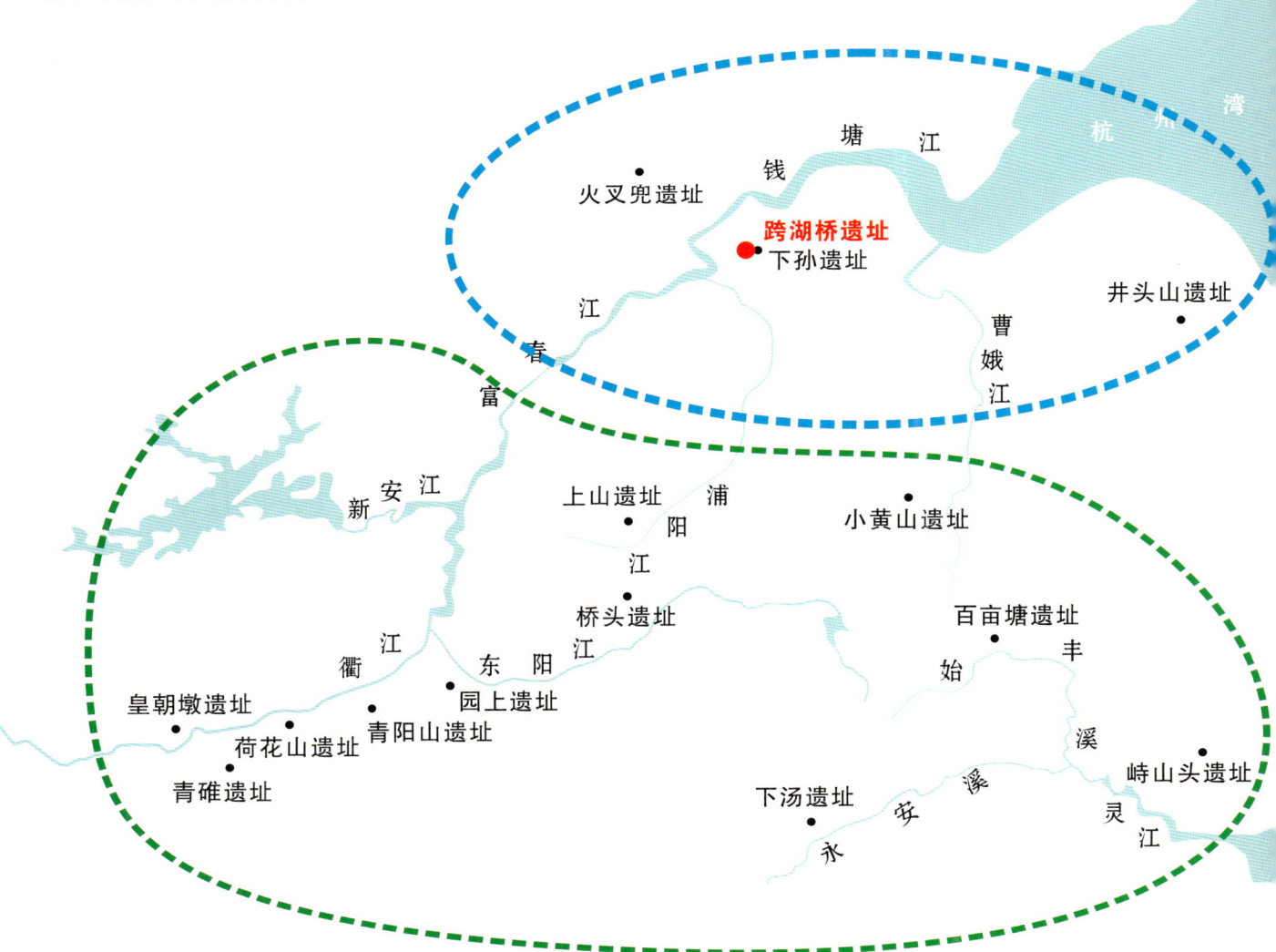

考古小知识

¹⁴C测年法

¹⁴C是碳的同位素之一，广泛地存在于生物体中，生物存活于世间时，通过呼吸使体内的¹⁴C与外界大气中¹⁴C持衡。在生物体死亡的临界点，体内¹⁴C含量定格。¹⁴C具有衰变性，生物死亡后，体内¹⁴C开始衰变，其衰变是规律的，每5730±40/50年为一个半衰期，¹⁴C的含量变为原来的一半，只要检测出生物体标本中¹⁴C减少的量，便可测定生物的年代。

从理论上说，¹⁴C测年法及其升级的AMS技术测定年代，通过树轮校正，可以将测年精确到3‰～5‰，但在实际的操作中，考古样品在野外提取及实验室操作过程中容易出现不同程度的污染，对这种污染（如木质样品中的草根、腐殖酸和碳酸盐）的清除，存在着理论上的不彻底性。另外，实验环境中的温度、大气压变化、电子仪器的差异等因素也会导致各实验室之间的系统性误差。凡此种种，均可能影响样品测年的准确性。

¹⁴C测年法由美国化学家威拉得·利比于20世纪40年代提出，他因此获得了1960年的诺贝尔化学奖。

跨湖桥遗址
The Kuahuqiao Site

跨湖桥遗址

火叉兜遗址

上山遗址

桥头遗址

荷花山遗址

皇朝墩遗址　园上遗址

青碓遗址　青阳山遗址

重要遗址的陶器类型比较

文化的分区特征，主要体现在陶器的形态上。跨湖桥、上山、小黄山、荷花山及青碓遗址的陶器类型，反映不同地域的文化特征。

表2　陶器类型比较

遗址	釜	罐	钵
跨湖桥遗址			
上山遗址			
小黄山遗址			
荷花山-青碓遗址			

浪遏飞舟——20年跨湖桥文化内涵新认识

跨湖桥遗址出土　　　　　　　　　　小黄山遗址出土

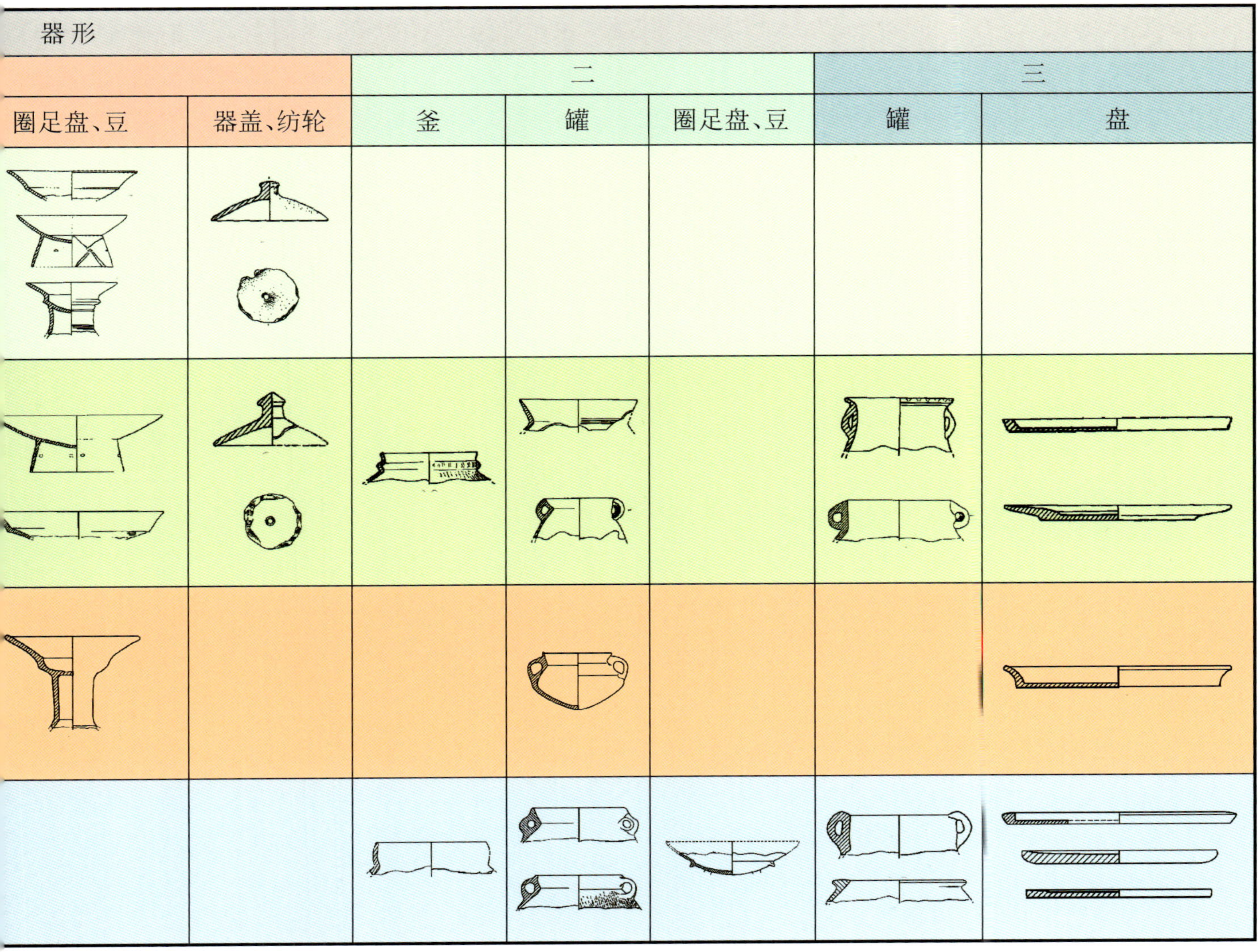

器形			二			三	
圈足盘、豆	器盖、纺轮	釜	罐	圈足盘、豆	罐	盘

139

跨湖桥文化发展变化 The Development of the Kuahuqiao Culture

自跨湖桥遗址发掘开始,已对多个跨湖桥文化遗址进行了^{14}C测定,基本确定跨湖桥文化存在于距今8300~7200年。

跨湖桥文化内涵的前后变化,则主要体现在陶器上。通过对跨湖桥遗址陶器的分析,结合上山遗址、小黄山遗址、荷花山遗址的资料,大致可将跨湖桥文化分为早、晚两期。

表3 跨湖桥文化发展变化

分期		代表性遗址	陶、石器的基本特征
早期	前段	荷花山遗址、青碓遗址、上山中层(早期遗存)	石片石器以及磨盘、磨棒等砾石石器较丰富。陶器夹炭陶比例较高,炊器及绳纹装饰比例较低,器形相对单调。
	后段	上山中层(晚期遗址)、跨湖桥遗址早段	磨制石器比例明显增加。陶器以夹砂陶为主,绳纹釜在陶器中的比例较高。陶器的类型比较丰富。
晚期	前段	小黄山遗址、下孙遗址、跨湖桥遗址中段	打制石器基本消失。陶器的基本特征延续早期,类型更加丰富。
	后段	跨湖桥遗址晚段	同上

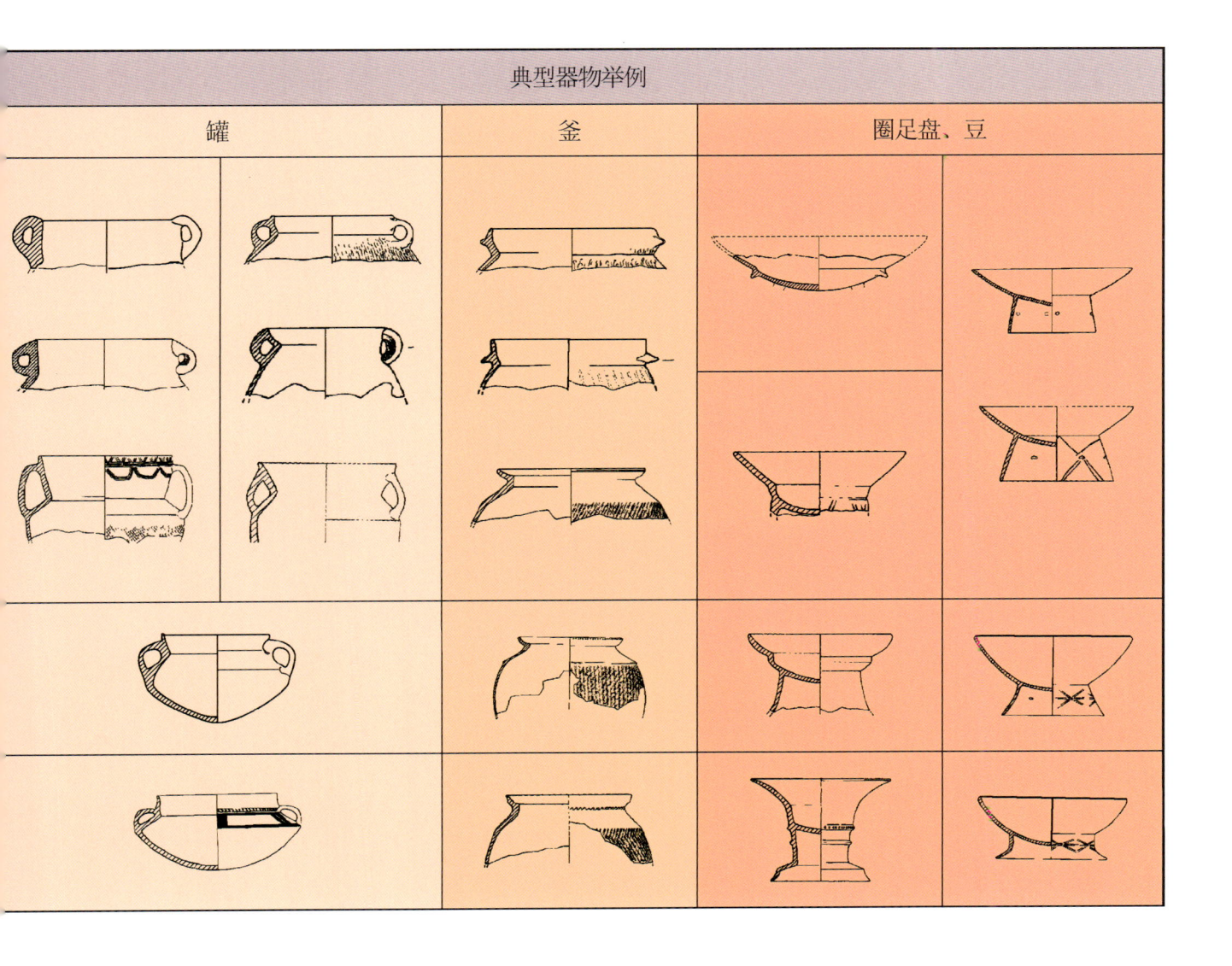

浪遏飞舟——20年跨湖桥文化内涵新认识

典型器物举例		
罐	釜	圈足盘、豆

跨湖桥文化的源与流 The Origin and Transmission of the Kuahuqiao Culture

跨湖桥文化到底从何而来，又将到何处去呢？

20年来，跨湖桥文化遗址分布区域不断扩大，遗址数量不断增加。这些发现，进一步丰富了跨湖桥文化的内涵，同时也为探讨跨湖桥文化的来源与去向提供了重要的分析资料。

跨湖桥文化的源头在哪？

考古发现与研究显示，跨湖桥文化直接来源于本地区的上山文化，并接受长江中游的彭头山（城背溪）文化的影响发展而成。

证据1：跨湖桥文化普遍叠压在上山文化层之上

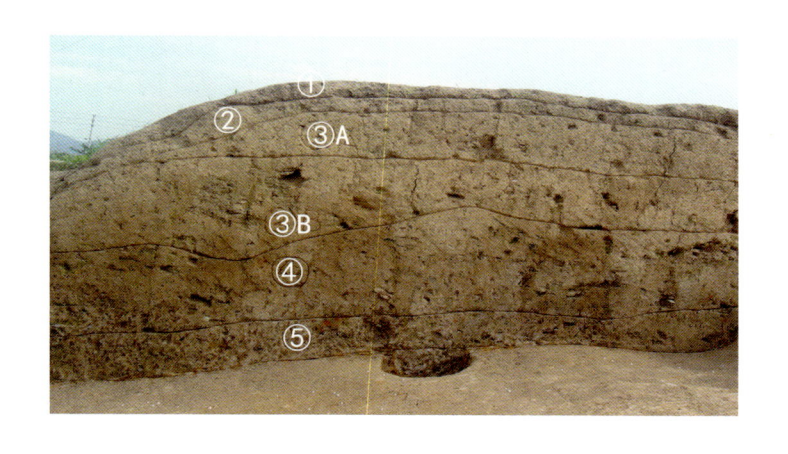

上山遗址中，上山文化与跨湖桥文化层的叠压关系（图中的③、④层属于跨湖桥文化层，⑤层为上山文化层）

地层学是以地层的相互叠压关系来判断不同遗存的相对早晚的考古研究方法。在河流上游的上山遗址、小黄山遗址、桥头遗址、青碓遗址、皇朝墩遗址及下汤遗址等，普遍发现跨湖桥文化层叠压在上山文化层之上的现象。可见，这一区域的跨湖桥文化承接于上山文化。

证据2：文化的承续关系——上山文化

表4 上山文化、跨湖桥文化关系演变

文化类型	阶段	陶器 盆	罐	罐	平底盘	罐	釜	豆	圈足盘	年代
上山文化	早期									距今10000年
	中期									距今9000多年
	晚期									距今8900~8500年
跨湖桥文化	早期									距今8300~7800年
	晚期									距今7700~7200年

上山文化作为跨湖桥文化的源头，最重要的证据是文化的继承性内在关系。将上山文化的彩陶、圈足器等特殊器类，以及薄胎工艺与跨湖桥文化陶器进行比较，可以发现两类文化确有文化承接关系。

证据3：与长江中游新石器文化的关系

在长江中游地区，存在着不少年代上与跨湖桥文化相当，或略早于跨湖桥文化的遗址，分析这些遗址所包含的文化特征，不但有利于研究跨湖桥文化的历史背景，也有利于把握长江中下游地区早中期新石器文化的共同性与差异性。

表5 钱塘江地区与洞庭湖地区的考古文化比较

		钱塘江地区
上山文化	早期 距今11000～ 9300年	
	中晚期 距今9300～ 8500年	
跨湖桥文化	早期 距今8300～ 7800年	
	晚期 距今7700～ 7200年	

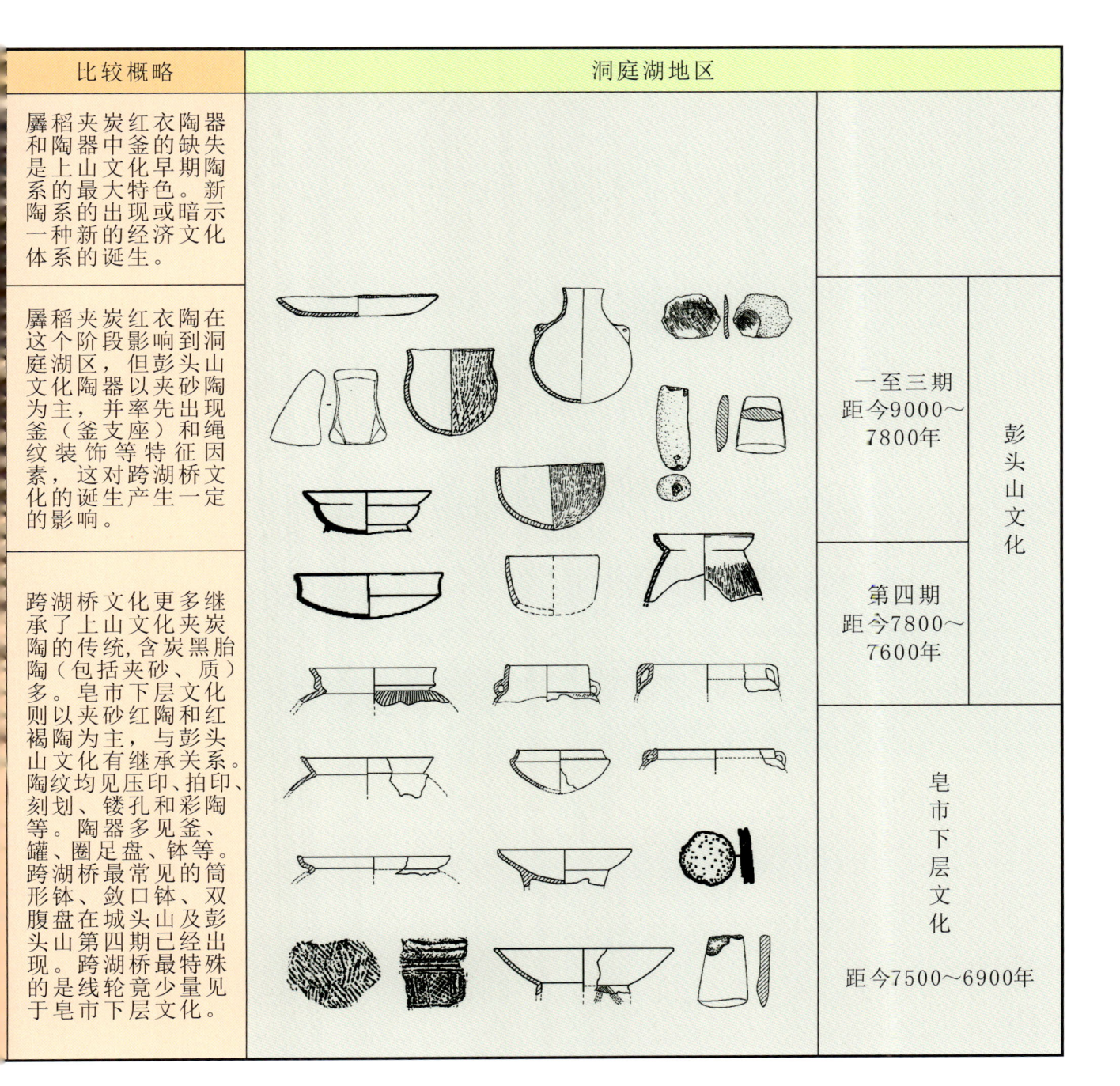

比较概略	洞庭湖地区		
籼稻夹炭红衣陶器失器是上山文化的最大特色。新陶系的出现或暗示一种新的经济文化体系的诞生。		一至三期 距今9000~7800年	彭头山文化
籼稻夹炭红衣陶在这个阶段影响到洞庭湖区，但彭头山文化陶器以夹砂陶为主，并率先出现釜（釜支座）和绳纹装饰等特征因素，这对跨湖桥文化的诞生产生一定的影响。		第四期 距今7800~7600年	
跨湖桥文化更多继承了上山文化夹炭陶的传统，含炭黑胎陶（包括夹砂、质）多。皂市下层文化则以夹砂红陶和红褐陶为主，与彭头山文化有继承关系。陶纹均见压印、拍印、刻划、镂孔和彩陶等。陶器多见釜、罐、圈足盘、钵等。跨湖桥最常见的筒形钵、敛口钵、双腹盘在城头山及彭头山第四期已经出现。跨湖桥最特殊的是线轮竟少量见于皂市下层文化。		皂市下层文化 距今7500~6900年	

跨湖桥文化与南方早中期新石器时代文化关系图

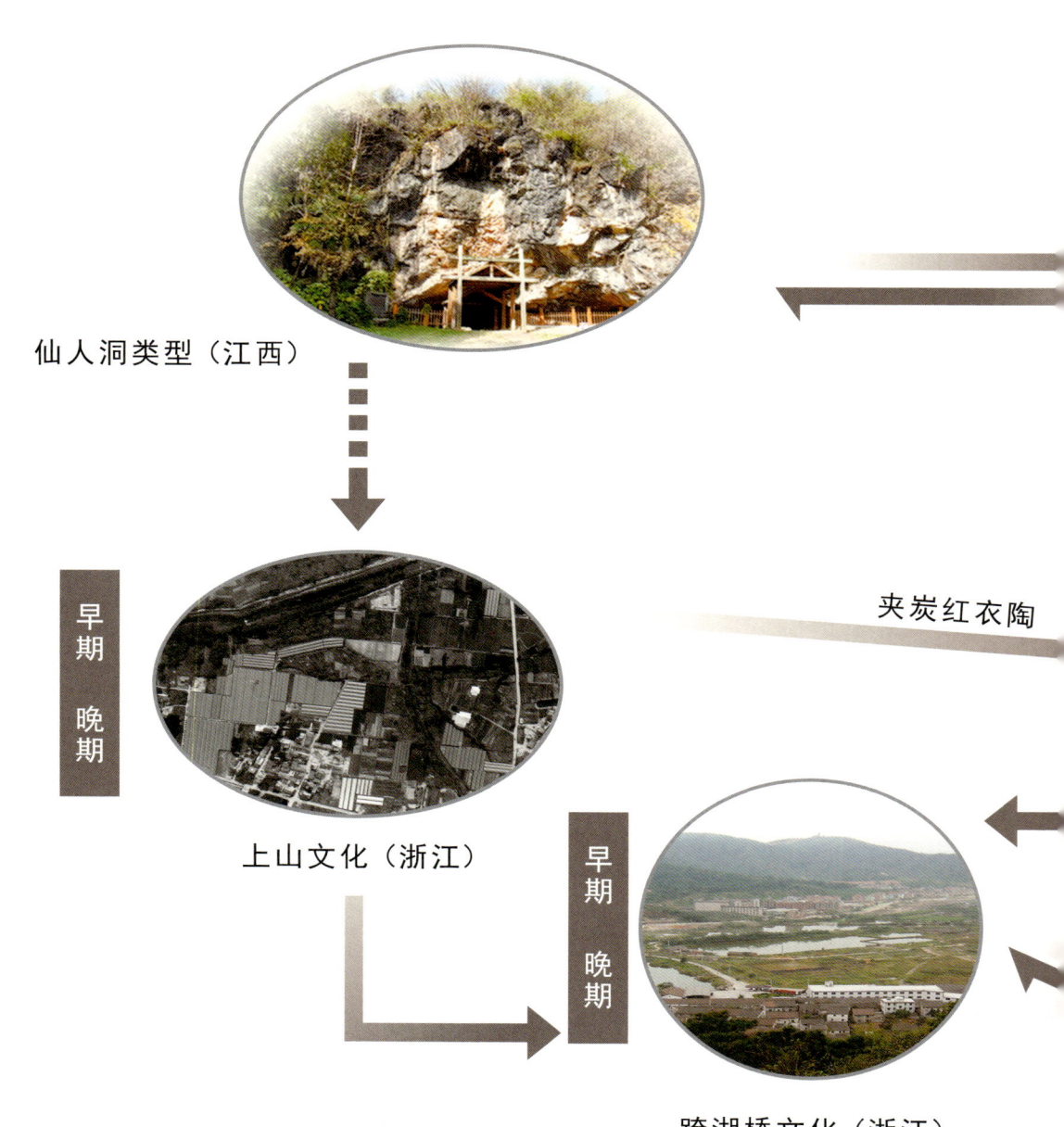

仙人洞类型（江西）

早期　晚期

上山文化（浙江）

夹炭红衣陶

早期　晚期

跨湖桥文化（浙江）

甑皮岩类型（广西）

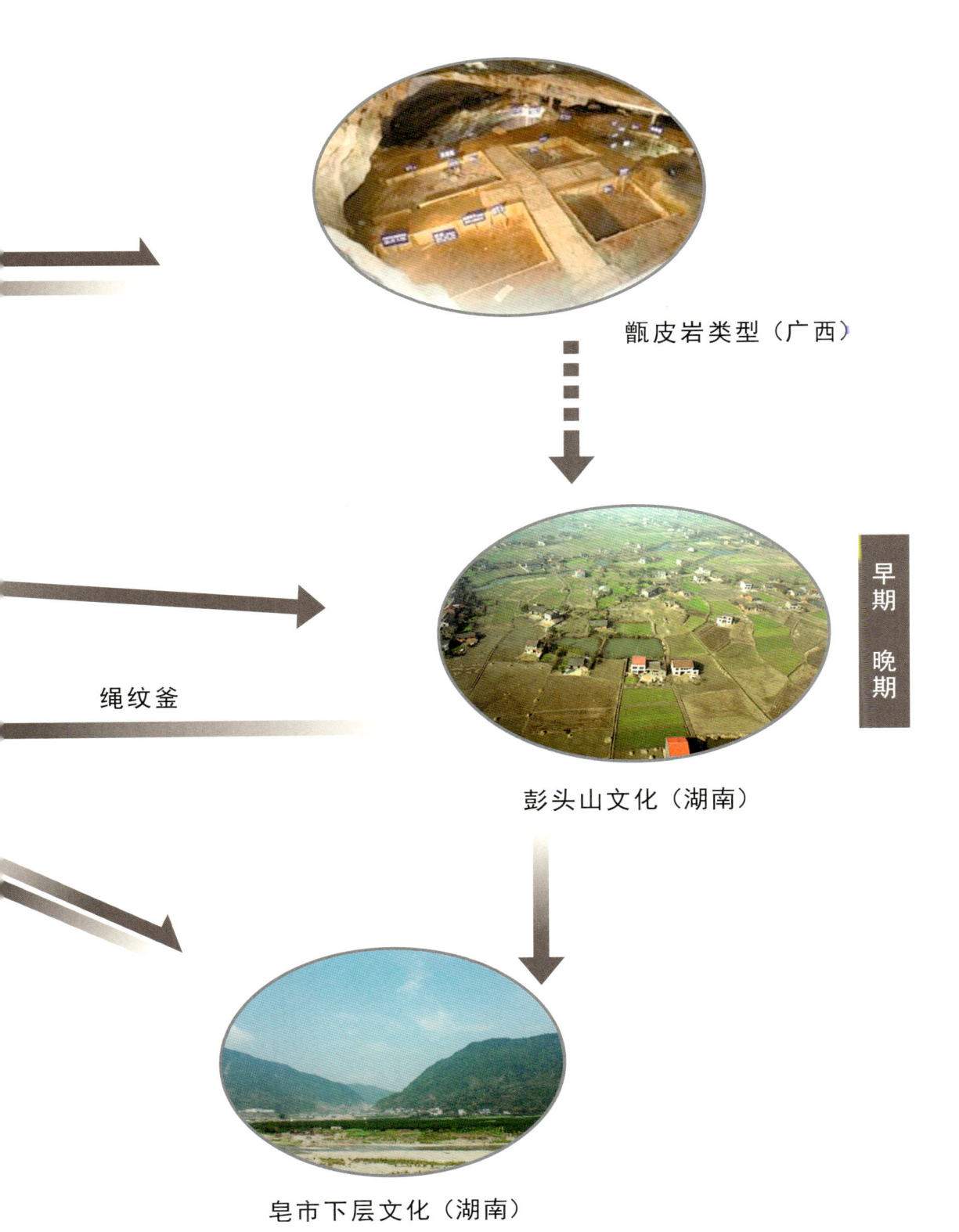

绳纹釜

早期　晚期

彭头山文化（湖南）

皂市下层文化（湖南）

跨湖桥文化最后走向何处？

A1 对本地文化的影响

河姆渡文化

　　河姆渡文化与跨湖桥文化的年代有数百年的时间间隔，河姆渡文化的核心分布在宁绍平原，时间与空间都未直接相关，文化上两者并非是直接的继承关系。但跨湖桥文化因素依然可以在河姆渡文化中找到线索。主要反映在两个方面：①器物形态；②经济生活。

河姆渡遗址发掘现场

1 器物形态

①绳纹釜是跨湖桥文化和河姆渡文化共有的器物。
②绳纹釜和釜支座的结合，构成了钱塘江以南新石器文化的重要特征。
③一些非常特殊的器物，如两者均出现一种特殊的敛口器，敛口部位往往有弦纹装饰。
④许多骨木器也有传承关系。

2 经济生活

①跨湖桥文化的耜耕农业在河姆渡文化中得到发展。
②干栏式建筑是共同的居住建筑结构。
③一些文化创造，如原始纺织机的构件（纬刀、综杆等）一脉相承，均体现两者的联系。

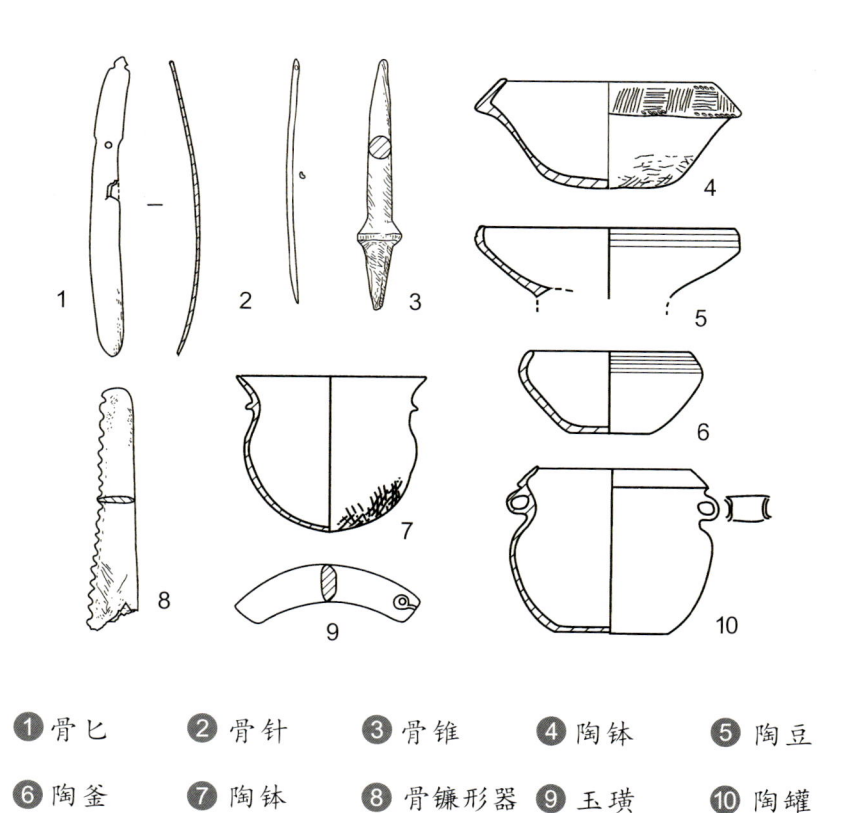

❶骨匕　❷骨针　❸骨锥　❹陶钵　❺陶豆
❻陶釜　❼陶钵　❽骨镰形器　❾玉璜　❿陶罐

河姆渡文化中的跨湖桥文化因素

浪遏飞舟——20年跨湖桥文化内涵新认识

田螺山遗址出土的
陶釜和陶支座组合形式

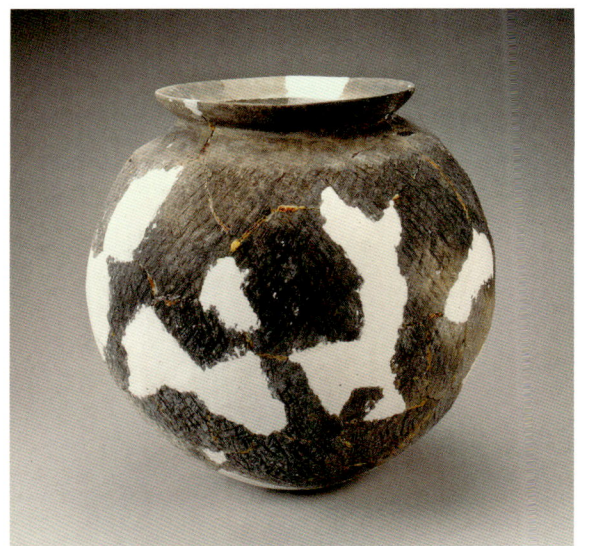

跨湖桥遗址出土的陶釜、陶支座

河姆渡遗址出土的陶甑

跨湖桥遗址出土的陶甑

A2 向内陆方向的传播、影响

顺山集文化

从公布的考古资料看,跨湖桥文化因素向北传播到江苏泗洪县的顺山集遗址,顺山集一、二期文化遗存属于顺山集文化类型,距今约8300～8100年。顺山集三期遗存具有若干跨湖桥文化因素,年代亦相当,距今7000年左右。

跨湖桥文化因素向西传播到湖南石门县皂市下层遗址。

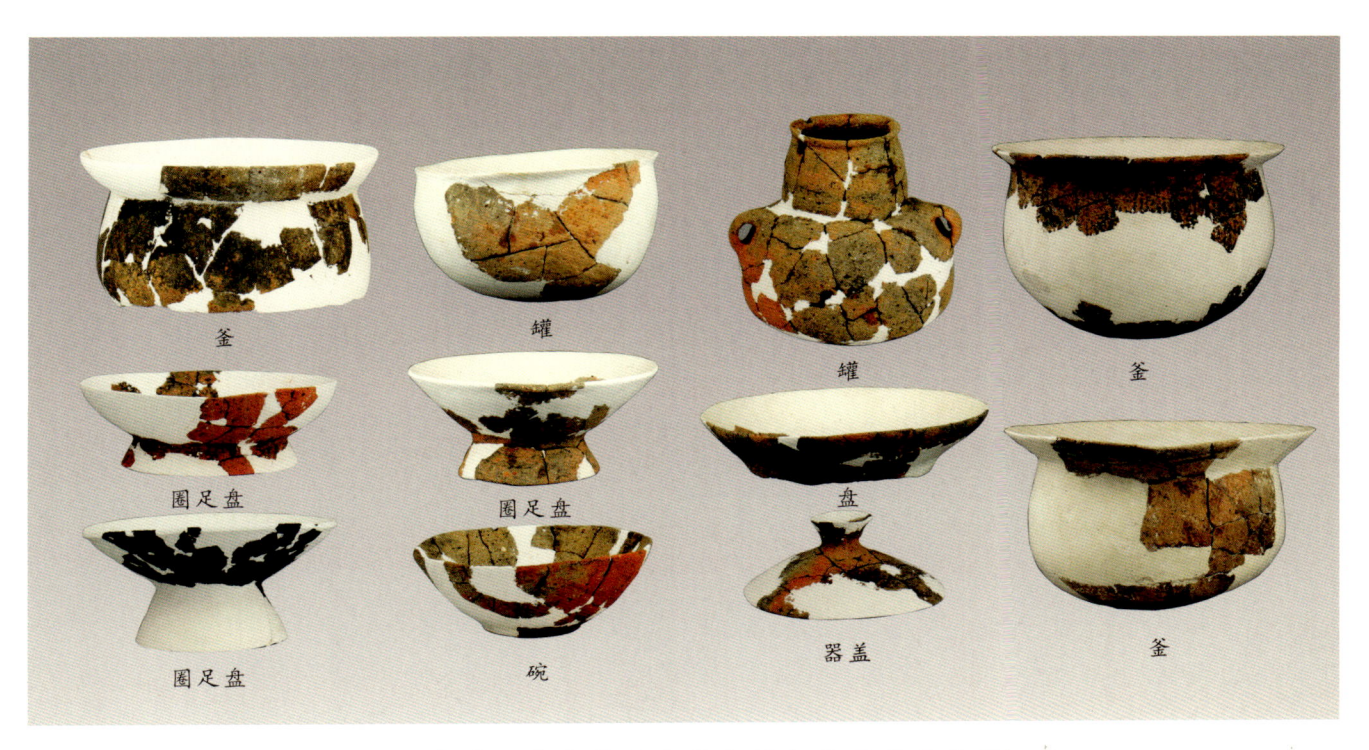

浪遏飞舟——20年跨湖桥文化内涵新认识

顺山集遗址出土的具有跨湖桥文化因素的陶器

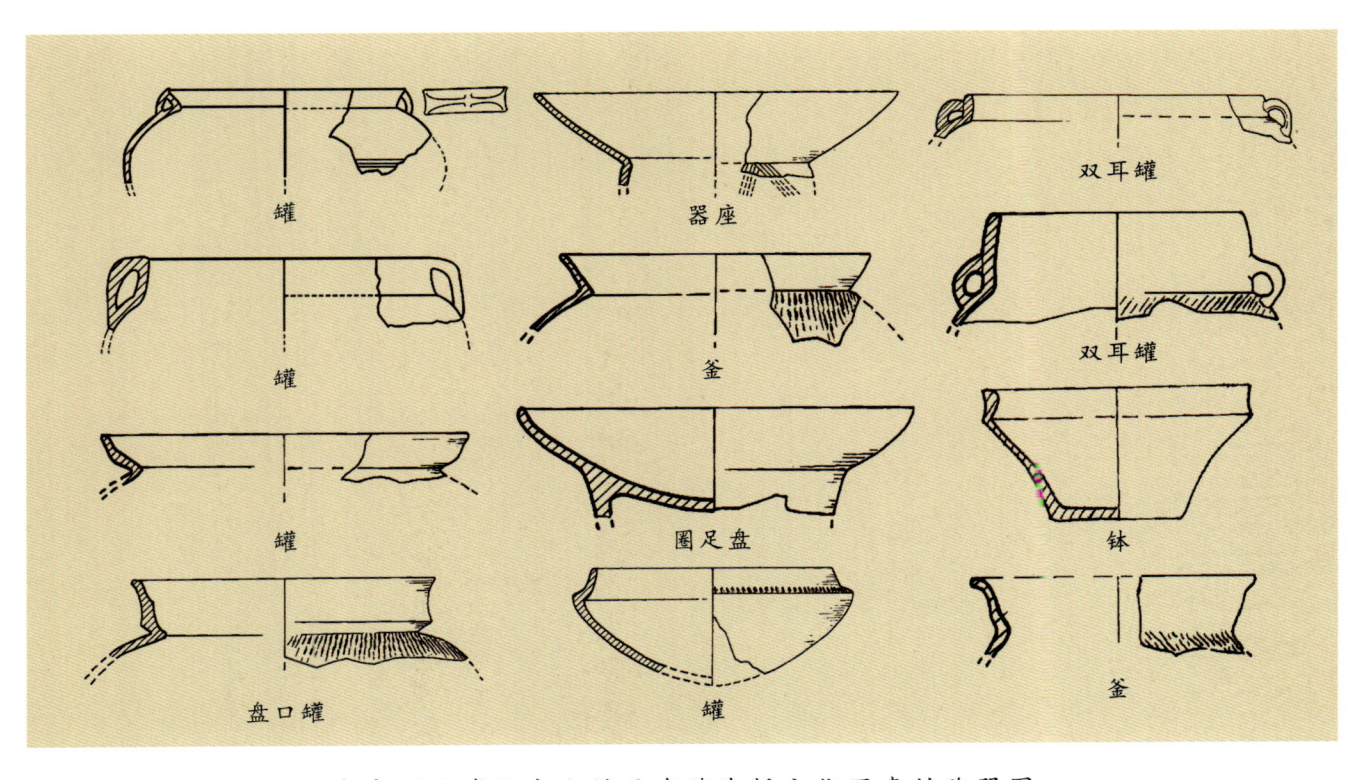

皂市下层遗址出土的具有跨湖桥文化因素的陶器图

A3 海洋与南岛语族

跨湖桥遗址出土的独木舟及相关遗迹

跨湖桥遗址的地理位置

1 向海洋方向开拓

将跨湖桥文化与海洋联系起来，主要有两个方面原因：一是跨湖桥遗址的地理位置非常靠近现在的杭州湾，处在沿海位置；二是独木舟的发现。

独木舟与海洋的联系，是其在人类历史中的作用所决定的。一般认为，独木舟是人类早期开发海洋的主要工具。跨湖桥遗址出土的独木舟只存一端，船头起势十分平缓，横截面呈半圆，船底不厚，舱偏浅，可归属为"可能在海岸边使用的独木舟"。

跨湖桥独木舟及相关遗迹中的木料和篾编织物为边架艇与船帆的假设复原提供了证据，这也证实了跨湖桥独木舟驶向海洋的可能性。

井头山遗址的海洋特性和木桨的发现，加强了这一判断的合理性。

跨湖桥独木舟及相关遗迹中的篾编织物

民族学中边架艇与船帆的用法

独木舟的仿制与出海实验

舟帆合璧

2019年,由骑梦者影视文化传媒(北京)有限公司(现名:上海骑梦者海洋文化有限责任公司)周海斌先生代表相关参与单位,将复原试制的独木舟和竹编风帆及相关属具捐赠给跨湖桥遗址博物馆,并按原始方式进行组装,现陈列于博物馆遗址厅。

复原独木舟及相关属具

席帆实验

2017年8月，在宁德市蕉城区水密隔舱福船研究会的配合下，使用该会制作的与遗址出土编织物编织方法高度相似的竹编风帆，开展第二轮实验考古学研究。在宁德三都澳海域使用该竹编风帆，按当地传统方法进行了航海实验。

竹编席帆侧顺风航行状态

首航成功

2015年7月11日中国航海日，首次以实验考古学的方式研究并复原试制的"单体式"和"单边架式"两种形制的独木舟，在福建东山国家帆船帆板训练基地下海成功试航。

跨湖桥独木舟首次复原下海试航

2 与南岛语族的联系

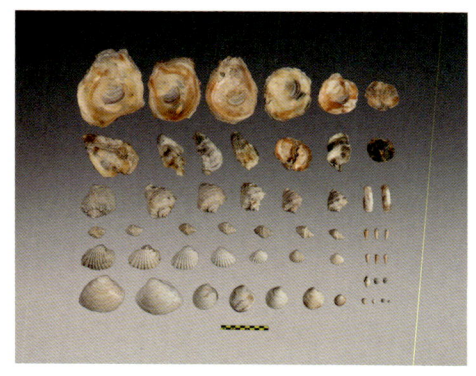

井头山遗址出土的海洋贝类

在南太平洋岛屿中，分布着一个族群，称为南岛语族，又叫马来波利尼西亚语族，泛指东南亚广大地区，如波利尼西亚、马来西亚、印度尼西亚、泰国、菲律宾等国的族群，也包括我国台湾地区的高山族等土著民族。在远古时期，这片广大的岛群几乎没有人类居住，到新石器时代晚期，才开始有人类活动。这些人群的族源问题，是学术界感兴趣的问题。

在整个新石器时代，中国东南沿海的浙、闽、粤，存在着十分稳定的以绳纹陶釜为重要特征的考古学文化分布区，著名的有河姆渡文化、壳丘头文化、昙石山文化、咸头岭文化、西樵山文化等，这一地区正位于后来的"百越"分布范围内。跨湖桥文化（尤其是独木舟及相关遗迹）的发现，证明这一区域的东北端是文化的重要发祥地，为南岛语族的向前追溯找到更远的线索。

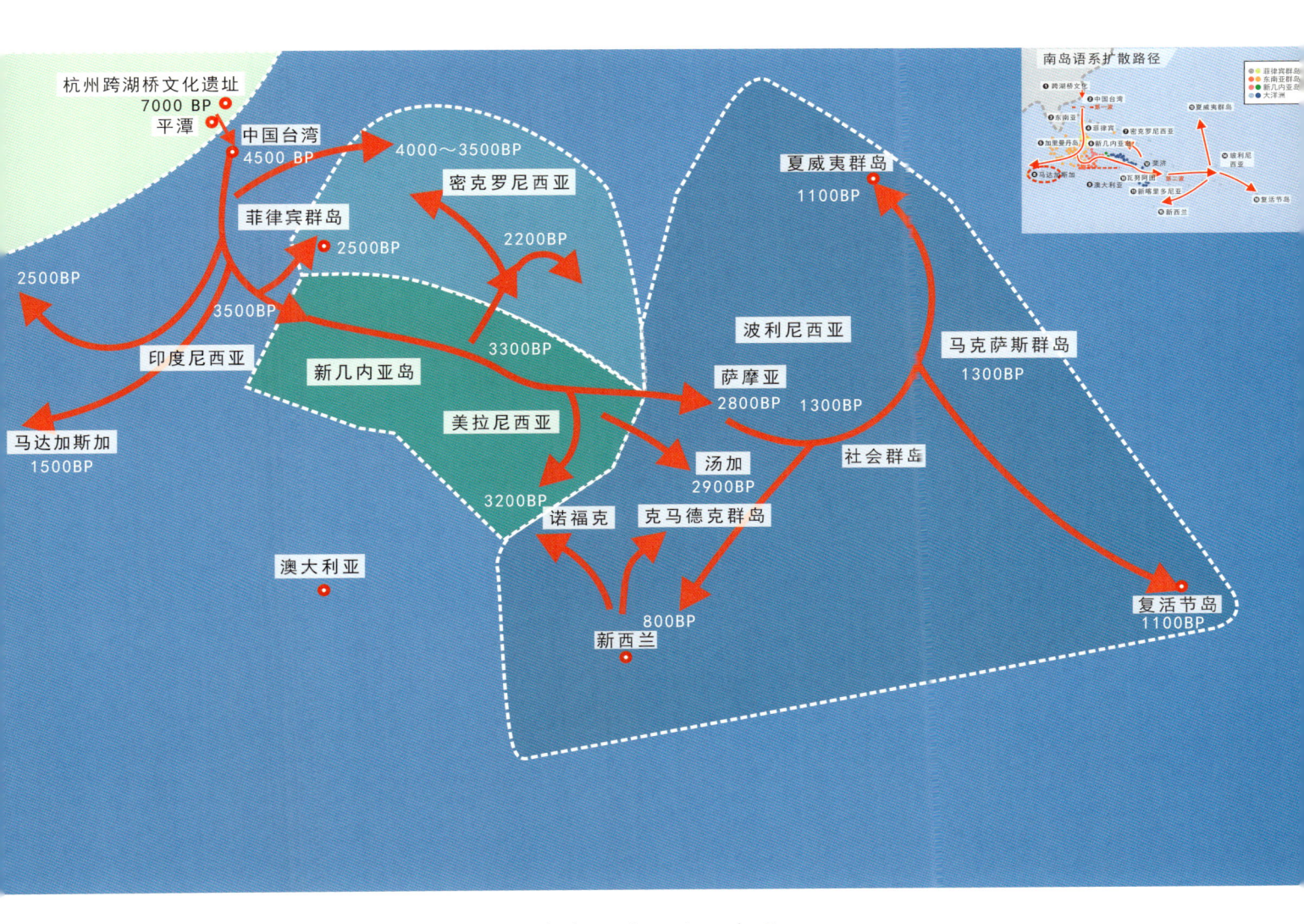

浪遏飞舟——20年跨湖桥文化内涵新认识

南岛语族迁徙示意图

159

考古小知识

南岛语族

南岛语系是唯一主要分布在海岛上的语系，目前，南岛语系涵盖300余种（一说500种）语言。"南岛语族"指说南岛语系语言的族群。在距今6000年左右，南岛语族先民离开我国大陆东南沿海地区，开始了艰辛、漫长的迁徙之旅。这一分布区域表明南岛语族是一个海洋族群，南岛语系是世界上最大的一个语系，使用南岛语系语言的人口约有2.5亿（《辞海》第7版）。

04 勠力同心
——20年跨湖桥遗址博物馆建设新成果
The New Achievements in the Construction of Kuahuqiao Site Museum in the Past 20 Years

八千年的回响——跨湖桥文化命名20周年成果展

04

博物馆建设　Museum Construction

2005

3月16日，跨湖桥遗址被公布为第五批浙江省省级文物保护单位。

2006

4月20日，跨湖桥遗址临时陈列馆建成开馆，至2007年5月闭馆，共接待游客34000余人次。
5月25日，跨湖桥遗址被公布为第六批全国重点文物保护单位。
9月，杭州市萧山区发展和改革局同意建设跨湖桥遗址公园博物馆项目立项。

2009

9月28日，跨湖桥遗址博物馆建成并正式对外开放，基本陈列"八千年回首——跨湖桥遗址出土文物陈列"荣获2010年度浙江省陈列展览精品最佳形式设计奖。
10月，跨湖桥遗址出土的独木舟和榫木构件被入选"中华文明之最"。

2010

3月，跨湖桥文化遗址入选长三角世博主题体验之旅示范点。

4月，跨湖桥遗址博物馆被评为杭州生活品质展评会年度最具品质体验点。

跨湖桥独木舟及相关知识点写进了浙江省义务教育《历史与社会》八年级教科书。

2012

6月，跨湖桥遗址博物馆被评为杭州市中学生社会实践基地。

2013

11月，中国美术学院中国漆艺术研究中心创作基地挂牌。

2014

"一叶方舟——跨湖桥文化特展"先后在上海崧泽遗址博物馆和河姆渡遗址博物馆举办。

2015

5月，跨湖桥遗址博物馆被评为浙江省爱国主义教育基地。

2018

跨湖桥遗址博物馆被评为杭州市青少年学生第二课堂四星活动基地。

9月，跨湖桥遗址博物馆被评为浙江省社会科学普及基地。

12月，跨湖桥遗址博物馆当选为中国博物馆协会史前遗址博物馆专业委员会委员单位。

八千年的回响——跨湖桥文化命名20周年成果展

2020

2月，跨湖桥遗址博物馆被评为杭州市青少年科普教育基地。
9月，中国博物馆协会"中国史前遗址博物馆研究"项目批复。
9月28日，跨湖桥遗址博物馆完成陈列提升改造并重新开馆。

2021

"勇立潮头——跨湖桥文化主题展"获得第十八届（2020年度）全国博物馆十大陈列展览精品推介优胜奖。
"勇立潮头——跨湖桥文化主题展"入选为2021年度"弘扬中华优秀传统文化、培育社会主义核心价值观"主题展览重点推介项目。

2022

11月，跨湖桥遗址博物馆被评为杭州市儿童友好实践基地。
11月，跨湖桥遗址博物馆与浙江艺术职业学院手工艺学院签订合作协议，创建产教融合实践教学基地。
12月，跨湖桥遗址博物馆完成遗址公园"勇立潮头"雕塑及其周边环境建设。

2023

1月，中国博物馆协会史前遗址博物馆专业委员会被评为"中国博物馆协会2022年度先进集体"。
5月，跨湖桥遗址博物馆独木舟（"中华第一舟"）荣获首届浙江省博物馆"百大镇馆之宝"称号。
12月，跨湖桥遗址博物馆被评为浙江省华侨国际文化交流基地。

2024

3月，跨湖桥遗址博物馆馆长吴健当选为中国博物馆协会考古遗址博物馆专业委员会主任委员。
5月，"新石器时代跨湖桥文化漆弓"成功入选杭州市博物馆"镇馆之宝"。
5月18日，跨湖桥遗址博物馆获评国家一级博物馆。

遗址保护 Site Protection

2004年，国家文物局成立"杭州萧山独木舟遗址原址保护可行性方案研究"课题组，王丹华研究员任组长。

2005年8月，国家文物局批复《杭州萧山跨湖桥独木舟遗址原址保护工程可行性方案》。

2006年5月，实施疏干排水地质工程。

2010年9月起，实施独木舟有控风干保护。

2009年11月至2010年12月，实施跨湖桥遗址土遗址加固工程。

2010年10月至2015年1月，浙江省文物保护科技项目"萧山跨湖桥独木舟遗址的微生物危害综合防治研究"结项。

2012年12月至2013年4月，完成了浙江第一个文物保护环境工程"跨湖桥遗址厅恒温恒湿改造工程"并通过浙江省文物局专家组验收。

2015年8月至2019年1月，浙江省文物保护科技项目"跨湖桥遗址潮湿环境综合保护技术效果监测"结项。

八千年的回响——跨湖桥文化命名20周年成果展

2015年10月,《跨湖桥独木舟遗址原址保护》由文物出版社出版,并被评为2014年度全国文化遗产优秀图书。

2015年8月"一种对潮湿遗址环境丝状真菌的生长抑制方法"获国家知识产权局发明专利。

2017年1月至2021年9月,浙江省文物保护科技项目"浙江新石器时代粘合剂痕迹的检测与研究"结项。

2018年1月至2021年10月,浙江省文物保护科技项目"跨湖桥独木舟及相关土遗址的精密监测和响应措施研究"结项。

2021年3月,"跨湖桥遗址和独木舟(跨湖桥遗址博物馆)保护利用"荣获杭州市"最佳文物建筑保护利用案例"。

2022年1月,"杭州萧山跨湖桥遗址——独木舟土遗址加固工程"荣获2021年度浙江省优秀文物保护工程"匠心杯"奖。

学术研究 Academic Research

学术研讨会 Academic Seminar

第一届

2010年9月，首届中国国际（萧山）跨湖桥文化节——跨湖桥文化国际学术研讨会举行。

第二届

2011年10月，第二届中国国际（萧山）跨湖桥文化节活动之——舟船文化国际学术研讨会举行。研讨会以"独木舟文化"研究为主线，进一步探索和挖掘跨湖桥独木舟的文化内涵。

第三届

2012年10月，第三届跨湖桥文化国际学术研讨会中国史前遗址博物馆馆长高峰论坛举行。

第四届

2013年11月，第四届跨湖桥文化国际学术研讨会暨中国漆艺术论坛举行。

勠力同心——20年跨湖桥遗址博物馆建设新成果

第五届

2014年11月，第五届中国国际（萧山）跨湖桥文化节启幕。原始纺织技术学术研讨会暨云南少数民族纺织技艺展开幕式在跨湖桥遗址博物馆举行。

第六届

2015年11月，第六届跨湖桥文化国际学术研讨会·跨湖桥遗址原址保护暨大型出土（出水）木质文物保护学术研讨会启幕。

第七届

2016年11月，第七届中国国际（萧山）跨湖桥文化节启幕。中国彩陶文化论坛暨"遥远的对话"——大地湾考古成果特展隆重开幕。

八千年的回响——跨湖桥文化命名20周年成果展

第八届

2017年10月，第八届跨湖桥文化学术研讨会暨中国早期玉文化论坛举办。

第九届

2018年10月，第九届跨湖桥文化学术研讨会暨中国早期美术与信仰研究论坛隆重举办。

第十届

2019年10月，第十届跨湖桥文化学术研讨会开幕。"跨湖桥·河姆渡——中国东南沿海地区新石器文化论坛"举办。

勠力同心——20年跨湖桥遗址博物馆建设新成果

第十一届

2020年12月，第十一届跨湖桥文化学术研讨会史前遗址博物馆陈列布展学术研讨暨"洮河遗韵"——临洮5000年历史文物展开幕式隆重举办。

第十二届

2022年9月，第十二届跨湖桥文化学术研讨会暨中国博物馆协会史前遗址博物馆专业委员会年会在河南郑州举行。

第十三届

2023年11月，第十三届跨湖桥文化学术研讨会暨中国博物馆协会史前遗址博物馆专业委员会年会召开。

核 心 刊 物   Core Journals

- 陈珲：《从杭州跨湖桥出土的八千年前茶、茶釜及相关考古发现论饮茶起源于中国吴越地区》，《农业考古》2003年第2期。
- 王心喜：《跨湖桥新石器时代文化遗存的考古学观察》，《文博》2004年第1期。
- 吴健：《国有基层博物馆现状分析及思考》，《东南文化》2005年第3期。
- 郑云飞、蒋乐平、郑建明：《浙江跨湖桥遗址的古稻遗存研究》，《中国水稻科学》2004年第2期。
- 周丽珍、刘佑荣、陈刚、周海辉：《跨湖桥独木舟遗址区地下水渗流场模拟研究》，《安全与环境工程》2005年第1期。
- 王永江、姜晓玮：《卫星遥感探讨杭州湾跨湖桥古文化消失原因》，《国土资源遥感》2005年第1期。
- 王心喜：《试论跨湖桥文化》，《四川文物》2006年第4期。
- 王长丰、张居中、蒋乐平：《浙江跨湖桥遗址所出刻划符号试析》，《东南文化》2008年第1期。
- 韩建业：《试论跨湖桥文化的来源和对外影响——兼论新石器时代中期长江中下游地区间的文化交流》，《东南文化》2010年第6期。
- 杨晓燕、蒋乐平：《淀粉粒分析揭示浙江跨湖桥遗址人类的食物构成》，《科学通报》2010年第7期。
- 施梦以、武仙竹：《浙江萧山跨湖桥遗址动物骨骼表面微痕与人类行为特征》，《第四纪研究》2011年第4期。
- 王伟、鞠治金：《杭州萧山跨湖桥遗址博物馆设计》，《建筑学报》2011年第11期。
- 梁河、冯宝英、胡艳华、毛汉川：《浙江杭州萧山跨湖桥遗址发掘中的一些地学问题研究》，《中国地质》2011年第2期。
- 张慧、张金萍、杨隽永：《浙江萧山跨湖桥独木舟遗址加固保护试验研究》，《文物保护与考古科学》2012年第3期。
- 蒋乐平：《钱塘江流域的早期新石器时代及文化谱系研究》，《东南文化》2013年第6期。
- 牛清波：《跨湖桥遗址所出刻划符号补释》，《中原文物》2013年第1期。
- 楼卫、吴健、李东风：《跨湖桥独木舟遗址微生物种类及区域分布状况研究》，《文物》2014年第7期。
- 汤惠生：《从实证到验证——〈跨湖桥文化研究〉读后》，《考古》2016年第9期。
- 吴健、楼卫：《生物酶对跨湖桥遗址丝状真菌抑菌作用的研究》，《文物保护与考古科学》2016年第3期。
- 徐燕祎、王思嘉、张秉坚、吴健：《遗址博物馆土遗址病害调查与成因分析——以萧山跨湖桥遗址博物馆为例》，《文物保护与考古科学》2018年第1期。
- 王思嘉、张秉坚、吴健：《室内土遗址气-液相变补水的可行性研究——以杭州萧山跨湖桥遗址博物馆为例》，《文物保护与考古科学》2019年第3期。
- 刘东坡、靳海斌、郑幼明、卢衡：《跨湖桥遗址考古木材的二次保护》，《文物保护与考古科学》2021年第1期。
- 吴健、李岗：《依托考古成果，展示中华文明——考古百年背景下的中国考古遗址博物馆》，《中国博物馆》2021年第4期。

- Meng Wu, Bingjian Zhang, Leping Jiang, Jian Wu, Guoping Sun. "Natural lacquer was used as a coating and an adhesive 8000 years ago, by early humans at Kuahuqiao, determined by ELISA", *Journal of Archaeological Science*, 2018.

- Jiangtao Qu, Bingjian Zhang, Jian Wu, Leping Jiang. "Nondestructive testing of two jade huangs unearthed at the Kuahuqiao Neolithic site", *Archaeological and Anthropological Sciences*, 2019.

- YuanFeng Hu, Bin Zhou, YueHan Lu, JianPing Zhang, SiYu Min, MingZhe Dai, SiYu Xu, Qing Yang, HongBo Zheng. "Abundance and morphology of charcoal in sediments provide no evidence of massive slash-and-burn agriculture during the Neolithic Kuahuqiao culture, China", *PLOS ONE*, 2020.

- Longbin Sha, Xianfu Li, Jiabing Tang, Junwu Shu, Weiming Wang, Dongling Li. "Early to Mid-Holocene Palaeoenvironment Change and Sedimentary Evolution in the Xianghu Area, Zhejiang", *International Journal of Environmental Research and Public Health*, 2020.

- Lanjie Deng, Yan Liu, Jin He, Ren Jiang, Feng Jiang, Jing Chen, Zhongyuan Chen, Qianli Sun. "New archaeobotanical evidence reveals synchronous rice domestication 7600 years ago on south Hangzhou Bay coast, eastern China", *Anthropocene*, 2021.

- Mingzhe Dai, Bin Zhou, Yuanfeng Hu, Hongbo Zheng. "Climate and landscape change favouring early rice agriculture and appreciable human impact: Evidence from sediment $\delta 13C$ in eastern China", *Quaternary International*, 2022.

专著出版 Publications

浙江省文物考古研究所、萧山博物馆：《浦阳江流域考古报告之一——跨湖桥》，文物出版社，2004年。

林华东、任关甫：《跨湖桥文化论集》，人民出版社，2009年。

跨湖桥遗址博物馆：《跨湖桥文化获奖征文集》，杭州出版社，2010年。

杭州市萧山跨湖桥遗址博物馆：《跨湖桥文化国际学术研讨会论文集》，文物出版社，2012年。

杭州市萧山跨湖桥遗址博物馆：《跨湖桥文化国际学术研讨会论文集》，文物出版社，2014年。

杭州市萧山跨湖桥遗址博物馆：《跨湖桥文化国际学术研讨会论文集》，文物出版社，2016年。

蒋乐平：《跨湖桥文化研究》，科学出版社，2014年。（2015年11月，此书获浙江省第18届哲学社会科学优秀成果三等奖，受到浙江省人民政府表彰。）

杭州市萧山跨湖桥遗址博物馆：《跨湖桥独木舟遗址原址保护》，文物出版社，2014年。

吴健、蒋乐平：《舟立潮头——跨湖桥卷》，"中国史前遗址博物馆"丛书，陕西科学技术出版社，2018年。

王仁湘、吴健、张礼智："中国史前遗址博物馆"丛书，陕西科学技术出版社，2021年。（获第五届中国出版政府奖、图书奖、提名奖。）

蒋乐平、吴健、楼卫：《萧山跨湖桥文化》，浙江人民出版社，2022年。

中国博物馆协会：《中国考古遗址博物馆——史前遗址博物馆卷》，江苏凤凰文艺出版社，2022年。

杭州市萧山跨湖桥遗址博物馆：《山海之间——跨湖桥·河姆渡文物选粹》，文物出版社，2023年。

吴健：《勇立潮头——跨湖桥遗址博物馆"跨湖桥文化主题展"策展笔记》，浙江大学出版社，2023年。

吴健：《舟立潮头——跨湖桥》，"考古遗址里的中国"丛书，陕西科学技术出版社，2024年。

勠力同心——20年跨湖桥遗址博物馆建设新成果

社会服务 Social Services

品牌创建 Brand Building

2010年，跨湖桥文化征文大赛，杭州出版社出版《跨湖桥文化获奖征文集》。

2011年，跨湖桥文化"小小讲解员"大赛，荣获2011年度杭州市青少年第二课堂主题活动创新奖。

（左）2014年，举办跨湖桥文化——杭州市"童画船舶"少儿绘画大赛，出版《跨湖桥文化——杭州市童画船舶少儿绘画大赛获奖作品集》。

（中）2012年，举办"童画船舶——萧山区跨湖桥文化童画大赛"，出版《童画船舶——萧山区跨湖桥文化童画大赛获奖作品集》。

（右）2018年，举办"童画船舶——萧山区2018年跨湖桥文化童画大赛"，出版《童画船舶——萧山区2018年跨湖桥文化童画大赛获奖作品集》。

175

八千年的回响——跨湖桥文化命名20周年成果展

2016年,"寻访跨湖桥文化·讲述八千年故事——喜迎G20金牌小小讲解员"主题教育实践活动,荣获2016年度杭州市青少年学生第二课堂活动主题创新奖。

2022年12月,"跨湖桥文化印纹黑陶茶具系列"荣获2022年浙江省博物馆文创产品大赛银奖。

2023年9月,"跨湖桥文化印纹黑陶茶具系列"荣获杭州市园林文物局举办的"最国潮——杭州市第二届'杭城迹忆'文创设计大赛"优胜奖。

2016年,寻访跨湖桥文化·讲述八千年故事——喜迎G20金牌小小讲解员主题教育实践活动。

176

勠力同心——20年跨湖桥遗址博物馆建设新成果

2019年,举办"庆祝新中国成立70周年·讲八千年跨湖桥故事"金牌小小讲解员大赛。

八千年的回响——跨湖桥文化命名20周年成果展

研 学 活 动　Educational Activities

2021年4月，跨湖桥文化讲座进入萧山区湘湖初级中学

2021年11月，萧山区育才小学"我和萧山这座城·研学壹课(1+X)"研学活动

2023年5月，跨湖桥文化讲座进入萧山区第二高级中学

2023年5月，北干街道江南星城社区亲子研学活动

2024年，"袋"上湘湖，看见8000年——湘湖小学《跨湖问史》课程学生美术作品展示及体验活动

178

勠力同心——20年跨湖桥遗址博物馆建设新成果

志愿者服务 Volunteer Service

2010年5月，跨湖桥文化志愿者服务总队成立

2022年7月，志愿者服务

2023年7月，中学生暑期社会实践活动

2016年，G20峰会期间志愿者服务

八千年的回响——跨湖桥文化命名20周年成果展

讲解接待 The Reception and Guide

2023年，馆长带你看展览

2017年，澳大利亚卡灵巴高级中学和萧山区第三高级中学学生交流团

勠力同心——20年跨湖桥遗址博物馆建设新成果

2024年，法国Puy du Fou董事局主席一行

八千年的回响——跨湖桥文化命名20周年成果展

2022年，公益讲解"勇立潮头——跨湖桥文化主题展"

结对交流的德国学生在参观

2024年，瓜沥残疾人之家参观

2024年，卡塔尔通讯社代表团

2016年，北京大学中学生考古暑期班

勠力同心——20年跨湖桥遗址博物馆建设新成果

2023年，杭州亚运会外媒

八千年的回响——跨湖桥文化命名20周年成果展

陈列展览　Exhibitions

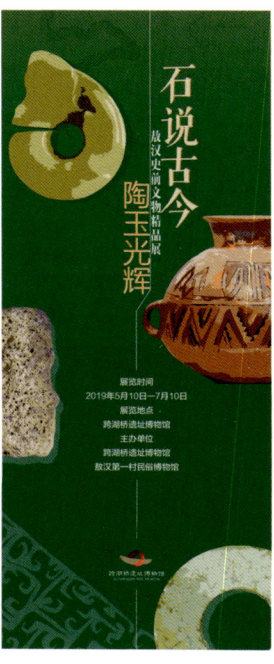

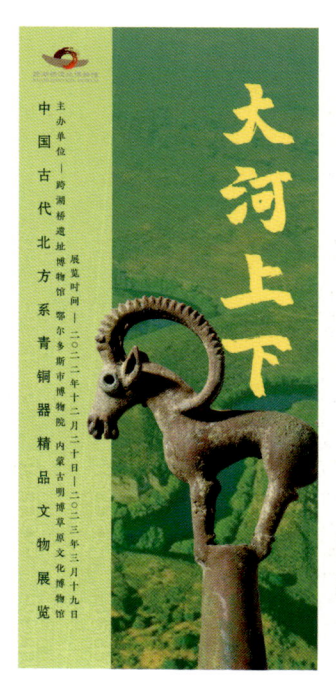

勠力同心——20年跨湖桥遗址博物馆建设新成果

2010年

2010年12月，萧山跨湖桥遗址博物馆"八千年回首"主题陈列展荣获2010年度浙江省陈列展览精品项目最佳形式设计奖。

2014年

2014年1月，杭州市萧山跨湖桥遗址博物馆"纸上民生——银帝博物馆藏元明清民国契约文书精粹展"荣获2013年度浙江省陈列展览精品项目最佳服务奖。

2015年

2015年6月，跨湖桥遗址博物馆"梭笔线墨——云南少数民族纺织技艺展"荣获浙江省第九届（2014年度）博物馆陈列展览精品项目优秀奖。

2019年

2019年，"早期美术中的信仰图景——湖南出土史前白陶跨湖桥特展"荣获第十三届（2018年度）全省博物馆陈列展览精品项目推介优秀奖。

勠力同心——20年跨湖桥遗址博物馆建设新成果

"八千年的回响"VR线上展厅

主流媒体　Reports In Mainstream Media

1. **2009**年4月，纪录片《穿越八千年的方舟》发行，是"十一五"国家重点音像出版物。

2. **2015**年1月10日，由中央电视台科教频道（CCTV-10）拍摄制作的《三探跨湖桥》（上、下集）在《探索·发现》栏目播出。

3. **2017**年6月15日，由中央电视台纪录频道（CCTV-9）拍摄的2集纪录片《跨湖桥——未了的迷局》顺利首播，扩大了跨湖桥文化的影响力。

4. **2018**年7月30日，《中华揭秘》之《跨湖桥之谜》在中央电视台科教频道播出。

5. **2021**年7月11日，跨湖桥遗址出现在中央电视台科教频道《考古发现的古代灾害》（上）集。

6. **2022**年8月8日，中央电视台科教频道《跟着书本去旅行》之《杭州访古——跨湖桥遗址》（上、下集）首播。

7. 2022年11月，《勇立潮头——跨湖桥文化主题展》在2022年全省博物馆十佳新媒体短视频推介活动中荣获十佳新媒体短视频奖。

8. **2023**年4月20日，中央电视台科教频道《跟着书本去旅行》之《湘湖水下的千年文明》播出。

9. 2023年8月14日，由中央广播电视总台与国家文物局联合摄制的大型系列纪录片《寻古中国·稻谷记》在中央电视台综合频道（CCTV-1）播出，跨湖桥遗址相关记录出现在第2集《晨曦寻稻》。

勠力同心——20年跨湖桥遗址博物馆建设新成果

10　2023年8月9日，CCTV-9播出6集系列纪录片《大运河之歌》。该片以时间为主轴，深入挖掘大运河承载的深厚文化价值和精神内涵，将历史文化与现实相交融，呈现出生生不息的中国文化面貌。跨湖桥遗址出现在第1集《整理河山》。

11　2023年，考古纪录片《何以中国》由国家文物局和上海市委宣传部指导出品。跨湖桥遗址在第2集《摇篮》中被提及。

12　2023年8月16日，新华网拍摄播出《如果文物会说话——八千年前的独木舟可不只是一根木头》。

13　**2024**年1月25日，《八千年前的生活指南》跨湖桥专题节目由中央电视台录制完成，并于CCTV-10《考古公开课》栏目播出。

14　2024年4月，《探秘跨湖桥》（上、下集）纪录片由中央电视台科教频道《探索·发现》栏目制作拍摄完成。

15　2024年5月，《跨湖桥漆弓——八千年前的冷兵器之王》荣获"让文物活起来——杭州的博物馆'镇馆之宝'短视频大赛"专业组优秀奖。

16　2024年6月8日，浙江宣传微信公众号发布《"中华第一舟"驶向何处》。

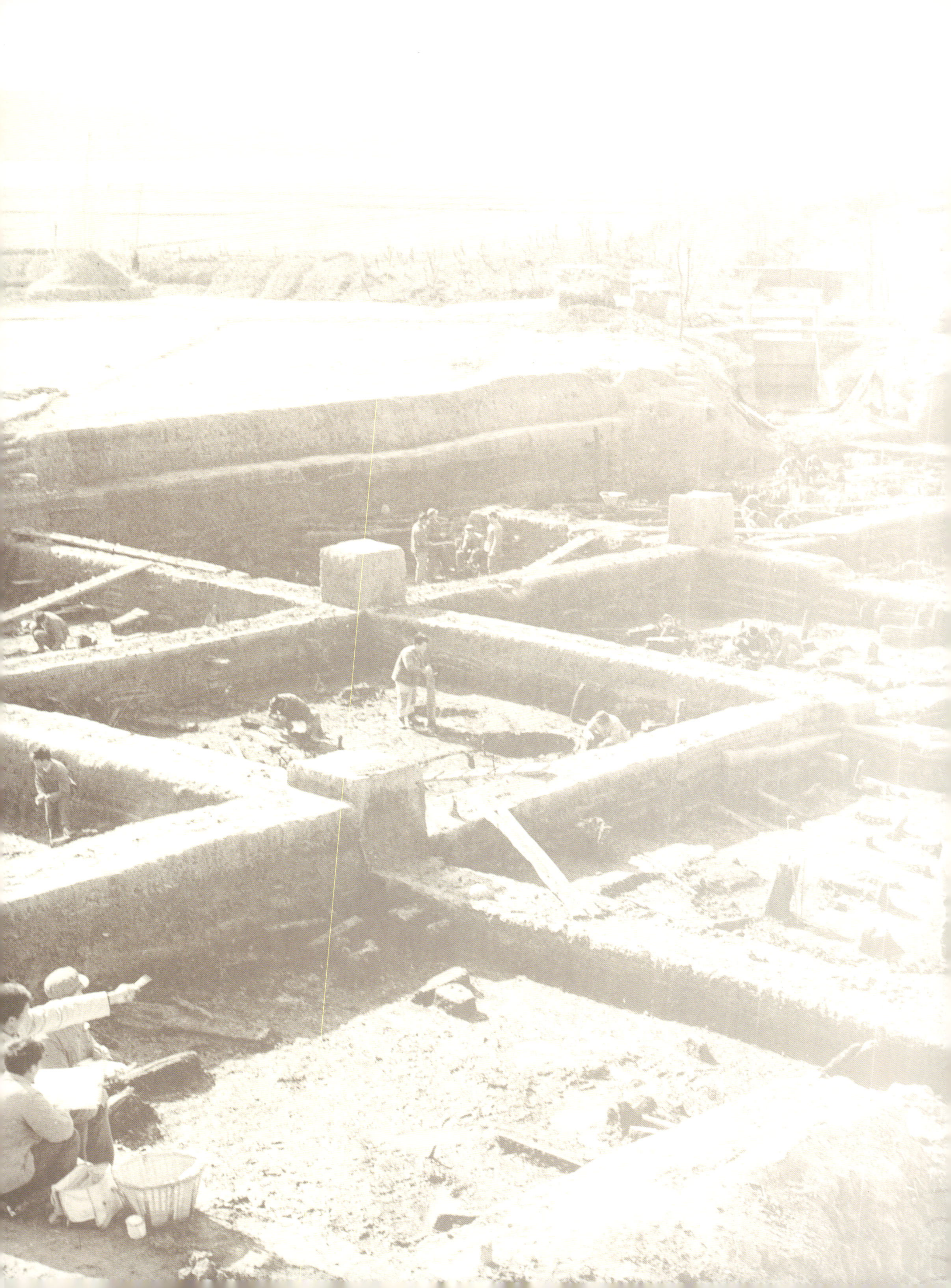

结语
Conclusion

跨湖桥遗址的发现，打破了河姆渡文化、马家浜文化对浙江新石器时代文化的两分体系，从而建立起区域文化的多元格局，为长江流域新石器时代文化研究中整体观念的形成树立了新的坐标，为研究整个长江流域的文化提供了重要线索，具有重大的文化价值。

跨湖桥文化在2004年12月被正式命名之时，中国考古学会副理事长、北京大学教授严文明在接受记者采访时表示，目前跨湖桥遗址最欠缺的是"一定的分布地区"，但随着研究的开展，相信可以找到更多属于"跨湖桥文化"的遗址。经过20年考古推进，跨湖桥文化遗存被证实存在于上山遗址、小黄山遗址等15个遗址中，遗址分布于钱塘江流域的大小支流，如曹娥江、浦阳江、金华江、衢江等，同时也延及南部的灵江上游，分布范围近3万平方千米。

从目前的考古发现看，跨湖桥文化是突然之间消失的，留给后人许多的谜题和无限的遐想。比如：跨湖桥文化作为多文化的组合，它的源头除了上山文化还有哪些；它除了影响河姆渡文化、顺山集文化和皂市下层遗址，还影响了哪些文化；跨湖桥人究竟随着海侵消失了，还是架着独木舟远渡重洋了；它是否是南岛语族的源头之一……等待后继者继续探索发现。

2024年8月

附录 Appendix

跨湖桥文化源流探析

蒋乐平　刘嘉诚

跨湖桥遗址发现于1990年，2004年被正式命名为"跨湖桥文化"。近20多年来，随着钱塘江流域新石器时代考古工作的开展，跨湖桥文化遗址不断有新的发现，跨湖桥文化的分布范围已经远远超出命名之初所定的"湘湖周围地区"，而扩展至杭州、金华、衢州、绍兴、台州、宁波等地区，涵盖河流上游盆地和河口沿海平原等地理区域。除了萧山跨湖桥遗址、下孙遗址，迄今新发现的遗址还有浦江上山遗址、嵊州小黄山遗址、义乌桥头遗址、龙游荷花山遗址和青碓遗址、金华青阳山遗址和园上遗址、衢州皇朝墩遗址、临海峙山头遗址、仙居下汤遗址、天台百亩塘遗址、余姚井头山遗址、余杭火叉兜遗址等，共计15处。

回顾跨湖桥文化的认识历程，年代问题一度成为认识跨湖桥遗址的核心问题。年代问题的争论源自对跨湖桥文化遗存的陌生感，随着跨湖桥文化遗址一个接一个的发现，现在年代问题已经烟消云散，学术界的关注已经从年代问题转向跨湖桥文化的源流问题。本文主要根据经过调查、发掘且有发掘资料公布的上山遗址、荷花山遗址、青碓遗址、小黄山遗址，结合其他考古发现，并与长江中游发现的早中期新石器遗址进行比较，对跨湖桥文化的来源问题进行探讨。同时，对学术界比较关心的跨湖桥文化与河姆渡文化的关系问题作初步的分析。

基本结论是，跨湖桥文化的直接源头是上山文化，但同时也受长江中游彭头山文化的影响。跨湖桥文化并非河姆渡文化的直接源头，但跨湖桥文化对河姆渡文化的影响也不容忽视。

一、上山文化为跨湖桥文化的直接源头

上山文化为跨湖桥文化的直接源头，可从如下方面进行判断。

第一，上山文化与跨湖桥文化均分布在钱塘江上游的河谷盆地，有极高的区域重叠性，在上山文化遗址区，基本上都出现跨湖桥文化遗址，如浦阳江流域、曹娥江流域、衢江流域、灵江流域。永康江流域上山文化遗址的数量最多，虽然尚未发现明确的跨湖桥文化遗存，但在湖西遗址、长城里遗址周围，都曾采集到跨湖桥类型的陶片。当然，跨湖桥文化又突破了上山文化的分布范围，已经向下游河口平原发展，如跨湖桥遗址和下孙遗址。

第二，在已发现的兼有上山文化、跨湖桥文化遗存的遗址中，均存在跨湖桥文化直接叠压在上山文化之上的地层现象，如上山遗址、小黄山遗址、桥头遗址、青碓遗址。荷花山遗址虽没有发现直接叠压关系，但在西区遗存中混杂上山文化晚期的陶片，推测这样的叠压关系在遗址中也存在。因此，在相对年代上，上山文化与跨湖桥文化存在着衔接关系。

　　第三，跨湖桥文化陶器上的许多文化因素，源自上山文化，可从几个方面作联系和比较。

　　1.器物一般因素上的延续性。跨湖桥文化流行的圈足器，曾经是其年代问题的重要疑点，原因是河姆渡文化早期很少有圈足器，跨湖桥文化圈足器的流行就成为突兀的现象。上山文化晚期已经出现数量较多的圈足器，且发现了较丰富的镂孔装饰，可见跨湖桥文化的这一特征具有本地传统。跨湖桥文化陶器的另一大特点是胎壁偏薄，即使是陶釜等大型器物（颈肩交接处略厚），厚度也不会超过0.5厘米。这一特征在上山文化的晚期也已经出现，上山文化晚期典型陶器的平底盘、扁双耳罐，都是薄胎陶器。跨湖桥文化也继承了上山文化夹炭陶的传统，尤其是荷花山类型陶器。红衣也是跨湖桥陶罐、陶钵、陶盘等器物的重要装饰，这些都应该与上山文化有所联系。绳纹是跨湖桥文化陶釜的基本装饰，在上山文化晚期，绳纹已经与陶釜初步结合。

　　2.特殊器物上的延续性。跨湖桥文化荷花山类型的"低矮平底盘"，与上山文化的平底盘有延续发展关系。从上山文化中期开始，盘的器身逐渐变矮，陶质则慢慢变粗朴。跨湖桥文化双耳罐，耳部的特征及其折肩或微折肩的风格也继承上山文化，如上山文化晚期多见侈口折沿罐，在跨湖桥文化中，侈口折沿器流行。跨湖桥文化陶罐上的牛鼻耳、颈沿外侧置对称双錾的特征，均可追溯到上山文化晚期。

　　3.彩陶比较。跨湖桥文化彩陶发达，在中国早期彩陶文化中占有重要地位。从彩陶的数量和纹样的丰富性上看，大致同时代的石门皂市下层和大地湾遗址，均不及跨湖桥文化。在上山文化发现之前，跨湖桥文化彩陶可谓中国彩陶之最，但跨湖桥文化独树一帜的厚彩、薄彩，均在上山文化中晚期遗址中出现了。在上山文化中期的湖西遗址、桥头遗址中，已发现两种类型的彩陶，红色的薄彩，只有条带纹一种，乳白色的厚彩则出现了太阳纹、折苕纹等，两种彩陶类型恰恰是跨湖桥文化彩陶区别于其他地区彩陶的重要特征，这就有力地证明了跨湖桥文化的一个重要源头是本地区的上山文化。施彩之前，陶器表面一般都有底色，在跨湖桥彩陶中，这种底色设置很讲究，实际上已经出现了红色或乳黄色的"化妆土"，这种"化妆土"工艺，也在上山文化晚期出现了，在义乌桥头遗址中，厚彩都有红底色，薄彩则为乳黄或乳白的底色，跨湖桥文化与之一脉相承。跨湖桥文化的太阳纹和"田"字纹，也在上山文化中找到了渊源。

第四，年代上的衔接。尽管上山文化遗址、跨湖桥文化遗址的测年数据，尚有一些争议，但作为一种实验性结果，不应简单忽视。从测定的数十个 ^{14}C 数据看，上山文化晚期，年代下限约距今8400年，与跨湖桥文化早期存在相对紧密的年代衔接。

根据上述分析，可以得出这样的结论：在钱塘江地区，跨湖桥文化不但是上山文化的继承者，也是上山文化的发展者。跨湖桥文化在地域上超越上山文化分布区，向下游河口平原发展，是历史跨出的重要一步。

二、来自长江中游的文化因素

跨湖桥文化的直接源头是本地区的上山文化，但上山文化向跨湖桥文化的嬗变，必然包含复杂的干扰因素。最值得关注的是长江中游地区，这里发现了不少在年代上与跨湖桥文化相当，或略早、略晚于跨湖桥文化的遗址，分析这些遗址的时代特征，对研究跨湖桥文化的诞生背景有一定意义，也是对中国早、中期新石器文化共同性与差异性意义的一种把握。

无论从认识史的角度，还是从考古所揭示的历史信息的角度，与长江中游，特别是洞庭湖地区的新石器时代文化的关系，都是跨湖桥文化研究必须加以重视的问题。洞庭湖地区的彭头山文化与皂市下层文化，年代距今9000~6900年，相当于上山文化晚期和跨湖桥文化时期。在跨湖桥遗址被发现之初，因文化内涵与本地区缺少联系，皂市下层文化最早被拿来作比较，现在看来，若将这种比较放在更长的时间中，把彭头山（城背溪）文化和上山文化考虑进去，两地区的文化关系会被看得更清楚。这种比较的基本逻辑是，跨湖桥文化与皂市下层文化遗存在文化因素上存在相似性，皂市下层文化来源于彭头山文化，如果跨湖桥文化与皂市下层文化的相似因素具有亲缘关系，也就可能与彭头山文化发生联系，而跨湖桥文化的直接源头是上山文化，这种比较也就兼及上山文化与彭头山文化的关系。

以下试图证明上述逻辑关系的实有性，主要从两地陶、石器的制作工艺、形态特征等方面进行比较。先阐述石门皂市下层文化类型，然后再探讨彭头山（城背溪）文化的相关特征。

（一）皂市下层文化

石门皂市下层文化主要分布在洞庭湖流域的澧水中下游和沅水下游地区。重要遗址有临澧县的余家铺、邹家山、胡家屋场，澧县的黄家岗、王家岗，石门县的皂市等，年代距今7500~6900年。文化的主要特征反映在石器和陶器上。石器以打制的砾石石器和燧石小石器为主。砾石石器类型有砍砸器、刮削器、盘状器、挖孔盘状器、网坠形器、石球等；燧石小石器均为石片石器，体型小，一般不见二次加工，但有使用痕迹，器形有长刮器、短刮器、切割器等。陶器以圜底器最多，平底器和圈足器也有相当数量。圜底器有罐、钵、釜；平底器有钵、碟、碟形器盖和双耳亚腰形罐；圈足器主要为敞口坦腹大镂孔圈足盘和大镂孔圈足盘形器座，另有圈足碗、圈足盆类器。陶器中变化最为丰富的是罐，分高领罐、卷沿罐、折沿罐、盘口罐、直口罐等。制作方法为手制，器物内壁常见手指捺窝痕，部分胎质较厚的陶片剖面可见明显的层理，初步推测为采用泥片贴筑法。陶器整体比较规整，口沿歪斜情况少见。相当数量陶片胎壁较薄，均匀，表面经打磨。陶质以夹砂陶为主，夹砂红陶与夹砂红褐陶的比例远大于夹炭陶，泥质红陶和泥质红褐陶也有一定的数量。夹炭陶胎心呈灰色或灰黑色，含炭量较少。纹饰采用拍印、压印、刻划、剔刺、镂孔等装饰手法，如绳纹、刻划纹以及这两种纹饰的组合纹，如交错细绳纹和横、斜、竖划的组合划纹，雨线划纹，网络划纹等。绳纹和划纹的变化规律都是由粗变细，由散乱变规整。陶衣有鲜艳的红衣，一件圈足盘发现白陶衣上施两道深红宽彩带纹，这是洞庭湖区发现的最早的一件彩陶器。

比较跨湖桥文化和皂市下层文化，可以发现两者既有区别又有联系。首先在石器上，跨湖桥文化的磨制石器相当发达，成为石制产品最主要的类型。尽管荷花山遗址也存在较多的石片石器和砾石石器，但斧、锛、凿、镞等磨制石器类型在跨湖桥遗址中已经十分成熟。陶器的共同点反映在器种的丰富性上，可从器物类型、制作工艺和装饰三方面进行分析和比较。

1. 器形与器类

釜、罐、圈足盘、钵等是共同的陶器形态。圈足器在皂市下层与跨湖桥遗址中均很醒目，但在具体的形态上，又各有特点。跨湖桥圈足器镂孔亦有三角形、方形、"工"字形、"十"字形等，但纯镂空的比例较低，而多见镂空与刻划纹的组合，特别是小圆孔、放射刻划（或彩绘）的组合装饰，这种装饰类型不见于皂市下层，另外，瘦高型圈足（豆柄）也更多见于跨湖桥遗址。皂市下层文化假圈足碗的透雕放射状八角、十二角纹器盖不见于跨湖桥。罐的形态在两遗址中都很丰富。亚腰罐为皂市下层文化独有，平底罐底角无棱的特征同时见于皂市下层文化和跨湖桥遗址。两遗址均以釜为主要炊器，但釜支座的特征不一，皂市下层文化为带压纹的圆体，跨湖桥文化为较简约的方体。跨湖桥遗址发现少量的带流器，皂市下层文化遗址则没有。跨湖桥文化的蘑菇纽器盖不见于皂市下层文化。跨湖桥文化陶钵的数量多，造型整齐，这类钵的相似形态在钱粮湖、坟山堡等皂市下层文化遗址中也有发现，包括深腹钵、浅腹钵等不同造型。南县涂家台遗址出土的圈足盘、敛口罐、盘口罐均可在跨湖桥文化中找到近似的器形。跨湖桥遗址丰富的用陶片打制而成的纺轮，不见于皂市下层文化遗址。除此之外，皂市下层文化中的折腹罐、折腹钵、打磨而成的圆陶片，带凹孔的支垫，以及双耳、折沿内凹、折肩或折腹等特征，也是跨湖桥文化的典型因素。特别值得一提的是"线轮"，皂市下层文化遗址出土2件，考古简报中将其命名为陶饼，略呈圆形，四周有深约1.5毫米的凹槽，这种器物只有跨湖桥遗址有大量出土。在迄今的发现中，也只有跨湖桥遗址和石门皂市下层文化遗址发现过这种特殊的器物，其间的文化联系，似不能否认。

2.制作方法

皂市下层文化以夹砂陶为主，跨湖桥文化是夹砂、夹炭并重。跨湖桥陶器出现疑似的慢轮修整技术，皂市下层文化则不见。贴筑法的标本则在跨湖桥、皂市下层文化遗址都有发现。皂市下层文化陶器内壁常见有手捺窝痕，跨湖桥文化则多发现陶拍的留痕，这可以与跨湖桥发现数量较多的陶拍相印证。这种不同的制作技术，或许是跨湖桥陶器更胜一筹的原因。跨湖桥文化陶罐、圈足器上反映的分段制作拼接的方法在皂市下层文化也存在。在烧制技术中，跨湖桥文化陶器外底常见黑焰流斑的现象，不见于皂市下层文化，这种特殊的技术痕迹，可能与跨湖桥文化特有的黑光陶的烧制成功有一定的关系。

3.装饰手段

绳纹多饰于陶釜（皂市下层文化亦有施绳纹的罐），这一点是共同的。跨湖桥文化十分规范的交叉绳纹并不见于皂市下层文化。拍印、压印、刻划、剔刺、镂孔等装饰手法均见于两遗址，但在具体的组合形式上有明显的差异，如跨湖桥文化的圆孔放射状刻划纹组合、鼠屎状戳点纹就不见于皂市下层文化，而皂市下层文化的透雕镂孔比跨湖桥文化要更丰富。跨湖桥文化最突出的还有黑光陶的装饰手法、外红内黑的装饰手法和更为丰富的彩陶。彩陶曾经是两地进行联系的重要因素，但现在看来，跨湖桥彩陶更为丰富，厚彩、薄彩的处理手法更是独一无二，内彩也不见于皂市下层文化。

陶石器之外，跨湖桥文化还有丰富的木器和骨角器。皂市下层文化不见骨角器，可能是因为保存的原因，因此不足以进行比较。

（二）彭头山（城背溪）文化

彭头山文化因湖南澧县大坪乡彭头山遗址命名，主要分布于洞庭湖西部的澧阳平原，被确认属于或含有彭头山文化遗存的遗址有江西桥、曹家湾、李家岗、皇山、双林、黄麻岗、八十垱、坟山堡和涂家台等10多处遗址。其中坟山堡与涂家台遗址的主体遗存属于皂市下层文化，是皂市下层文化来源于彭头山文化的地层依据。与彭头山文化同时分布于长江北岸的是城背溪文化，城背溪文化以城背溪遗址命名。一般认为，城背溪文化与彭头山文化是同一文化的不同叫法。彭头山文化的年代距今9000~7800年，分四期，前三期典型，距今9000~7800年，后一期则带有向皂市下层文化的过渡特征，下限约距今7600年。彭头山文化的渔猎经济依然占较大比重，但稻作农业已经开始。

彭头山文化陶器口部往往厚薄不均，唇部大多不平整，一般压印锯齿状纹。沿外一般贴附泥条，并见有压印按窝，戳印指甲纹或方格纹，器物的腹部及底部一般滚压粗细、深浅不一的绳纹，器底特厚，一般为1.5~2厘米。少数器物内可见明显的垫窝。陶器胎质大致有四类，包括夹炭羼砂陶、夹炭羼稻陶、夹炭陶和夹砂陶。主要以夹炭羼砂陶为主，占66%，并有逐渐增加之势；夹炭羼稻陶和夹炭陶居次，所占比例逐渐下降，夹砂陶最少。夹炭羼稻陶胎有明显的稻草和稻谷壳，还羼有其他植物茎叶。器表多为红褐色，分别为红、褐、红褐及灰褐陶。灰褐陶最少，仅限于夹砂陶一类，颜色较暗。成型方式主要为泥片贴筑。陶器烧成温度不高，火候不均，陶器表面色泽斑驳。

陶器绝大部分通体有饰纹，素面陶器较少。纹饰大致可分为绳纹、戳印、捺压纹、刻划纹、锯齿纹、泥突或乳钉纹、镂空等。绳纹最多，滚压为主，出现斜交的网格绳纹。戳印纹中有圆点纹、圈点纹、方格纹、指甲纹等。绳纹之上加捺印的复合纹数量较多。陶器种类单调，主要为罐、钵、盘，其次为双耳罐、釜、盆、支座等，另有少量的圈足、小罐、小钵、碟、杯等。以圜底器为主，有少量的矮圈足器及平底器。平底器以盘类器为主。

石器以砾石石器、燧石器为主，还有少量磨制石器。砾石石器主要以砂岩和石英砂岩为石料，分石锤、石杵、砍砸器、刮削器等，另外还有石核、石片等；燧石石器有刮削器、雕刻器、尖状器以及石核、石片等。磨制石器有石斧、石锛、石凿、石铲、石条、磨槽石等。

由于彭头山文化的年代兼及上山文化与跨湖桥文化，以下作为一个连续性的过程一起进行比较。

（1）上山文化的测年距今11000～8500年，晚期约相当于彭头山的偏早期。从文化比较上，两者的陶器形态区别较大，如上山文化最具特征的大口盆，不见于彭头山文化；彭头山文化十分典型的溜肩喇叭口的圜底双耳罐，唯有上山文化晚期的喇叭口壶形罐可作比较，但后者多素面，器形更瘦，且为平底。最大的共同点是在夹炭红衣陶这点上，但上山文化夹炭陶，特别是籼稻的夹炭陶比例大，彭头山文化从一开始就是夹炭羼砂陶比例大，反倒与跨湖桥遗址有更多的共同性。相比之下，石器的共性因素更大些，砾石石器和石片、石核石器在上山文化和彭头山文化中均流行，相反，磨制石器比例均小，但上山文化流行的石磨盘和石磨棒，则在彭头山文化中不典型。

（2）彭头山文化中的绳纹陶釜（包括部分绳纹陶罐）在第一期就很普遍，而即使在上山文化晚期，绳纹陶釜也罕见，这似乎证明，绳纹及其有关联性的用釜现象，更早出现在长江中游地区。彭头山文化的典型绳纹釜为侈口卷沿溜肩圜底，直到第四期才出现盘口折沿的特征，这一特征在皂市下层文化得到继承。从时间上说，彭头山文化第四期的年代距今7600年，晚于跨湖桥文化最早期，而在跨湖桥文化中，陶釜一出现，就出现大量的盘口、折沿（折颈）的绳纹釜。跨湖桥文化中的钵形釜，在彭头山文化中亦有见到，唯跨湖桥钵形釜无颈且口多敛，而彭头山钵形釜微有束颈的特征。

上山文化不见釜支座，而在彭头山文化第一期，支座已经出现，特别是截面呈方体的支座，与跨湖桥文化釜支座十分近似，但彭头山文化中更为丰富的带纹饰的支座却不见于跨湖桥文化。

（3）上山文化晚期出现大量的浅腹盘形器，以平底为主，但也出现了少量的浅圜底；而在彭头山文化中，盘的主要种类是圜底的，但也出现少量的平底器。圈足器，特别是带镂空的圈足器，在上山文化中更为发达。两地陶器均出现了乳钉状足。

（4）陶器纹饰上，除了前面提到的绳纹之外，彭头山文化的方格拍印纹、网格刻划纹、戳点纹均见于跨湖桥文化。方格拍印纹最为特殊，在两地出现，具有文化的比较意义。交叉绳纹、绳纹与刻划纹并施于同一器物等现象，也反映了跨湖桥文化与彭头山文化的相似性特征。另外，跨湖桥文化和彭头山文化都有折腹钵、盘或盆类，且转折处多见一周戳印纹，只是前者多折腹明显甚至出棱，而后者为微折腹。

彭头山文化陶器确实存在值得进行比较的上山、跨湖桥文化特征。同样，这样的比较也可延伸到城背溪文化。在城背溪遗址中，除了上述比较点，其浅腹圜底钵、双腹圈足器，甚至与跨湖桥文化同类器更为接近。

（三）结论

前面介绍了皂市下层文化和彭头山（城背溪）文化的陶、石器特征，并与跨湖桥文化、上山文化作了比较。这种比较的意义，在于将文化的共同性、差异性放置到了时间的横截面上，两地文化相互关系的探讨，因此有了一个更坚实的基础。

基本的结论是，洞庭湖流域与钱塘江流域新石器时代文化，在距今9000~7500年的时间里，确实存在着文化交流的关系。虽然交流的渠道尚未得到明晰的揭示，超过1000千米的空间距离也为这层关系披上了神秘的外衣，但这种交流实实在在存在着，不能够轻易否认。实际上，两地的文化联系，早在浙江桐乡罗家角遗址发现之初，就已经为人所察觉。罗家角遗址出土的白陶，其风格一如湖南的汤家岗等遗址出土的白陶，推断其来源于长江中游。当初的孤证，现在证明并非无本之木，在早于罗家角遗址的年代里，两地的交流关系可能更为密切。

站在钱塘江的角度，两地的具体关系可以作这样的表达：跨湖桥文化是在本地上山文化的基础上，接受长江中游的彭头山（城背溪）文化的影响发展而成。当然，这并不是两种文化因素的简单叠加，而是出现融会贯通的变异，如跨湖桥文化大量折沿绳纹釜和侈口绳纹釜，其凹折沿、折肩特征源自上山文化，圜底、绳纹、沿面压印花边等特征来自彭头山文化，形成独具特色的风格。

反向的观察则是，皂市下层文化是在彭头山文化基础上，接受较多跨湖桥文化因素发展而成。两种因素在皂市下层文化当中也是彼此融合，浑然天成，造就了新颖的文化类型，如陶器中的双耳折沿亚腰罐应当源自跨湖桥文化的双耳折肩罐，肩部的压印纹、刻划纹特征可能来自彭头山文化。

这种文化的相互作用造就了两地文化的其他关联性现象，如：两地从夹炭陶向夹砂陶的变化基本一致；两地从红衣陶向灰褐陶的演变趋势基本一致；绳纹陶釜等陶器形态的出现时间虽然存在错时性，但基本的演变规律一致。

从石器的演变速度看（打制石器向磨制石器），长江上游地区稍弱些，但过程具有一致性。

文化传播论可以解释两地文化的上述联系，各自建立起来的框架序列，基本符合两地文化相互影响、相互促进的历史进程。将两地的历史进程纳入一个有交流传播关系的文化圈中，其原因可从如下几个方面进行归纳。

第一，地理的联系性，即长江所提供的联系渠道。跨湖桥遗址独木舟的发现表明，人类在很早的时候开始，河流就已经成为人群之间更便捷的联系途径。

第二，相似的气候环境条件和经济基础。两地均处在北纬30°附近，处在同一条生态链上，采集、狩猎文化具有共同的基础，农业的发生条件也一致，这决定了新石器时代革命的共幅相关性，也就是说，经济的变革导致了文化的相似反应。

以上述分析为基础，可以将两地考古学文化现象放在同一个值得信任的时间框架里。

三、与河姆渡文化的关系

跨湖桥文化在距今约7000多年前"消失"了。在某种意义上，人们对跨湖桥文化"消失"的关注，是由一种"误解"引起的。"误解"缘于在分布区域内，跨湖桥文化没有后继者；在毗邻区域，与跨湖桥文化衔接的是河姆渡文化，但两者似乎没有构成继承关系。

但实际的情况是，河姆渡文化不但在分布上与跨湖桥文化构成区域性的局部重叠，在文化因素上，也成为跨湖桥文化的重要继承者。

下面我们来分析一下河姆渡文化与跨湖桥文化的关系。

（一）河姆渡文化与跨湖桥文化不是直接的承续与发展关系

跨湖桥文化与河姆渡文化不存在直接的发展关系，主要原因在于两者的年代并非前后相续的关系。这一点，最近几年发现的井头山遗址是最有力的证明。根据测年，井头山遗址距今8300～7800年。井头山遗址陶器及骨木器的文化面貌与跨湖桥遗址具有很大的相似性，陶器最大类的釜、罐两类器物，几乎完全一致，因此考古学界大都认为井头山遗址属于跨湖桥文化。

井头山遗址与河姆渡遗址同位于姚江平原，与田螺山遗址距离不过两千米，但井头山遗址埋藏在更深的海相淤泥层下，河姆渡文化是在井头山遗址废弃后的几百年之后才在同一地区发展起来的。

实际上，跨湖桥遗址的埋藏环境与井头山遗址几乎也是一致的。跨湖桥文化的年代下限，一度定为距今7000年左右。这一认定，与当初对跨湖桥遗址年代的争论所带来的保守思考有直接的关系，回过头来看，在跨湖桥遗址所测的^{14}C年代数十个测定数据中，只有3个数据在距今7500年以后，大部分数据均落在7500年之前。在后来新发现的跨湖桥文化遗址的测年数据中，几乎找不到距今7000年的数据，而大都为距今7700年前。

可以认为，跨湖桥文化与河姆渡文化之间具有明显的时间空窗，属于两个历史阶段的文化遗存。因此，跨湖桥文化与河姆渡文化之间存在显著的差别。这些差别主要表现在：

1. 器物特征

器物的种类与形态特征是考古学文化特殊性的重要表现，在这方面，跨湖桥文化与河姆渡文化有基本的区别。这里择其典型，作简单的比较。

河姆渡文化陶器最典型的是陶釜，陶釜中最典型的是敛口或敞口的带脊釜，这类釜的口、颈、肩、腹部位的连接处往往有明显的转角，形成一道或两道的脊棱，绳纹仅见于下腹部。另外，还有盂、储火尊、单耳罐、带喇叭口或桥形纽的器盖。这些陶器，从未见于跨湖桥遗址。跨湖桥文化用陶片打制的纺轮、别具一格的线轮，也不见于河姆渡遗址。

在陶器的制作工艺上，跨湖桥文化陶器的器腹、器底比较薄，在深腹器的内壁，多有密集的拍印痕迹，这一特征，不见于河姆渡文化的陶器。相比之下，河姆渡文化陶器略显厚重，内壁多见修刮痕迹，体现了两者在陶艺上的区别。

石器中，河姆渡文化多斧，跨湖桥文化多锛。这个情况与其连置装配的木柄相吻合，跨湖桥遗址只见锛柄，而河姆渡遗址多见斧柄。斧、锛各有功能，两遗址中的这一差别尚未得其解。跨湖桥遗址中磨制规整的甲类石锤，也不见于河姆渡遗址。

骨器中，河姆渡遗址骨耜的装柄方式是捆绑式的，而跨湖桥遗址的骨耜，则是插装法。相比之下，前者更加稳固，作为农业工具的效率更高。

河姆渡文化的木器种类更加丰富，如蝶形器、筒形器均不见于跨湖桥遗址。

2. 建筑形态

两遗址均以干栏木构建筑为主，河姆渡文化的建筑构件更加先进，榫卯技术更加复杂。跨湖桥遗址的土木结合的建筑形式，则不见于河姆渡遗址。土木建筑的墙体采用以木柱为骨，夹筑以黏土，并加以火烤增加硬度。在河姆渡遗址中，一直到第二层，才出现了红烧土的建筑材料。一般认为，这体现了河姆渡文化从干栏架空式建筑向落地建筑的转变。从跨湖桥遗址的情况看，土墙式落地建筑的出现时间不会晚于架空式的干栏建筑。

跨湖桥遗址和河姆渡遗址在建筑形态上的不同内容，可能与气候环境的差别有关。跨湖桥文化阶段气候相对干冷，土墙式建筑的存在有其合理之处。

3. 艺术形态

在艺术形式上，跨湖桥文化与河姆渡文化呈现较大的差别。兹从器物装饰和单体艺术品两个方面分析。

跨湖桥文化中，没有发现单体艺术品，艺术的内容和形式均体现在器物装饰中，并主要呈现于陶器上。最有特色的是彩陶，其他有意识装饰的骨木器数量较少。特别需要指出的是，在跨湖桥文化的装饰陶器中，绝无动植物的模拟形态，彩陶、刻划、镂孔均为几何纹样式。

河姆渡文化中，器物装饰更为繁缛，其中最醒目的是大量的模拟动植物的图案，如猪、鸟、鱼及禾叶、谷粒等，其中以"双凤朝阳"最为著名。河姆渡文化也见有彩陶，但与跨湖桥文化相比，不但数量特别稀少，表现形式也大有不同，如不见跨湖桥文化的厚彩和盘内彩，其弧线三角的表达方式可能受到北方文化的影响。

除了依附性的装饰外，河姆渡文化还出现了单体艺术品，如陶塑的猪、羊、鱼、鸭等。这些均不见于跨湖桥文化。

（二）河姆渡文化存在明显的跨湖桥文化因素

作为两种考古学文化，跨湖桥文化与河姆渡文化的差别是第一位的，但两者又存在着千丝万缕的联系，这是考察区域内文化传承关系必须关注的。

下面主要从器物形态和经济行为上进行比较。

1. 器物形态

陶器的共性主要从陶系、器类和纹饰三方面进行比较。首先，河姆渡文化早期陶器中，夹炭陶占大多数，达79.9%，而夹砂陶占20.1%。跨湖桥遗址中，炊器类夹砂陶的比例较高，达65%，夹炭陶占35%，但在非炊器类中，跨湖桥遗址的泥性夹炭陶占绝大部分。总的说来，夹炭陶是陶系中的主要部分。纹饰上，绳纹均为两遗址最为普通的纹饰，河姆渡遗址没有作具体的统计，但在纹饰中排位第一，在跨湖桥遗址中，绳纹陶片占全部陶片的47%左右。

绳纹釜是跨湖桥文化和河姆渡文化共有的器物。在观察河姆渡陶釜时，往往会将目光的焦点移到肩、脊部位，因为凸出的肩、脊是河姆渡文化陶釜的最大特征。但实际上，河姆渡文化从最初开始，就已经出现无脊的侈口釜，这种侈口釜分两种形式，一种颈沿外侧带双錾，另一种不带錾，这两种类型都可在跨湖桥文化中找到。可见，两者具有一定的联系性。诚然，跨湖桥文化最典型的卵腹釜与河姆渡文化最典型的肩脊釜有较大差别，但跨湖桥文化年代早，是东南地区釜炊文化的先行者，对河姆渡文化的影响，需要作综合的考察，除了器物的形态，还应该包括装饰风格。如果将马家浜文化作为参照系，则可发现马家浜文化中陶釜均为素面，以此来定位河姆渡文化的绳纹属性，则与跨湖桥文化可归一脉。

绳纹与釜从文化因素上应该是独立的，但在区域文化传统的考察中，两者可以合而为一，成为钱塘江南域考古学文化的重要内容，它们共同开创了中国东南沿海地区的新石器时代文化传统。

河姆渡文化有脊釜中一半以上为敛口釜。釜的敛口形态在跨湖桥文化中可以找到源头。在跨湖桥文化中，这类敛口器不是釜，而是钵。这类钵的折敛口部位往往有弦纹装饰，局部特征与河姆渡文化敛口釜十分相像。实际上，这种敛口器在河姆渡遗址不仅见于陶釜，也见于钵、盆、盂，除了敛口部位的纹饰稍复杂，基本形态与跨湖桥文化敛口钵一样。从这个观察角度，两者的关系尤为密切。

从上述分析看，尽管跨湖桥文化、河姆渡文化陶器群的基本形态已经发生了很大的变化，但在类型特征上依旧具有不可忽视的联系性。

相比于陶器，跨湖桥文化和河姆渡文化骨、木器的共同点更多些。这可能与骨、木可塑性差有关，但与同时期其他遗址相比，跨湖桥遗址与河姆渡遗址的共同点更多、更醒目，如骨器中的骨哨、骨耜、骨匕（纬刀）和木器中锥形器、独木舟（河姆渡发现桨）、两端带槽额的杆形器等。

值得一提的是，河姆渡文化类型的骨哨，在跨湖桥遗址也有不少出土。顾名思义，骨哨是用来吹奏的乐器，但最近有研究者认为骨哨其实是一种纺织用具。观察点之一是哨孔的外侧，普遍存在细线摩擦遗留的槽额，而这一特征同样见于跨湖桥遗址的骨哨。璜形石饰在两遗址中亦均有发现，且特征相似。

2.经济行为

器物形态的相似特征，反映的是其功能上的一致性，背后则是共同的经济行为和生业方式。原始人类的经济方式相对简单，而简单的经济方式往往可以用多样化的工具来实现，从这个思考角度看，工具形态的相似性，往往更能反映文化联系上的紧密性。

跨湖桥文化、河姆渡文化工具所表达的共同经济行为方式包括：

耜耕农业。用大型动物肩胛骨制作农具，这是跨湖桥人和河姆渡人共同拥有的经济行为，尽管骨耜的装柄方式有较大的不同。农耕需要铲土，这是一般性的行为，但共同选择特殊形态的骨耜，则必然反映文化上的紧密联系。

橡子坑所反映的采集业。跨湖桥遗址发现带木构的橡子储藏坑，河姆渡遗址也有，如习称的"井"，有研究者认为就是橡子储藏坑。两者在处理和贮藏采集品的方式上具有共同特点。

纬刀等代表的原始纺织业。纬刀、综杆、卷布轴、梭子等原始纺织机件，均见于河姆渡遗址和跨湖桥遗址。这些机件的基本特征十分一致，与具有同样功能的近代少数民族地区的机件差别较大，如用动物的肋骨制作纬刀，在两遗址中难分参差，却不见于同样使用原始踞织机的近代少数民族。

（三）跨湖桥文化分布区的后续文化基本可确定是河姆渡文化类型

跨湖桥文化与河姆渡文化的关系，实际上是一种发展和变化的关系。可从两个方面进行探讨，首先从遗址分布的角度，纠正跨湖桥文化与河姆渡文化为不同区域文化的习惯认识。真实的情况是，这两种文化存在着分布上的区域重叠性，因此，两种文化并时发展的观点是站不住脚的。其次从绳纹陶釜的角度，确定钱塘江南岸的区域文化共性特征，证明跨湖桥文化与河姆渡文化均属于南方系文化，两者必然存在直接或间接的关系。两方面论述，均是表达了一个观点，即跨湖桥文化不但在年代上早于河姆渡文化，而且是河姆渡文化的源头之一。

1. 文化分布的重叠现象

河姆渡文化以姚江流域为中心分布，地理位置靠近宁绍平原的东部；跨湖桥文化则分布于浦阳江流域以西。两者在分布区域上缺乏交集，这是习惯的一种认知。这一观念受到了考古新发现的挑战。

近十多年新发现的遗址信息证明，河姆渡文化与跨湖桥文化的分布区域在钱塘江流域存在重叠现象。具体的证据是诸暨的楼家桥遗址和龙游的三酒坛遗址。这两个河姆渡文化性质遗址的位置深入到跨湖桥文化分布区，说明跨湖桥文化在其区域内的后续文化，正是河姆渡文化或河姆渡文化的边缘类型。

楼家桥遗址前段的文化特征有三点值得关注：①出土有脊绳纹釜，这类陶釜具备河姆渡文化早期特征；②出现了象牙罐和蜥蜴纹等河姆渡文化早期因素；③动物遗存中的犀牛出现在这个阶段。

^{14}C数据对此提供了支持,这说明在距今6500年前后,河姆渡文化的一些重要的文化因素已经影响到了浦阳江流域。后段的文化特征接近河姆渡遗址二层内涵,即相当于广义河姆渡文化的晚期。

2. 绳纹釜体现的文化延续性

在考察跨湖桥文化与河姆渡文化的关系时,必须重视绳纹陶釜的存在意义。这一看似普通的陶器品种,在浙江新石器时代文化研究中曾起到一个标识性的作用。绳纹陶釜在这一区域不仅是一种学术性的符号,也是一种文化性的符号。

在20世纪80年代,浙江考古人针对本地区新石器时代文化问题,展开了区系问题的讨论,讨论的一个重点是河姆渡遗址晚期遗存的文化性质,应该归属于河姆渡文化还是马家浜文化。分歧的重点,正是对遗存中绳纹釜意义的不同认识。马家浜文化陶釜多为素面的腰沿筒形釜,而河姆渡遗址晚期依然存在绳纹釜,因此,许多专家认为,河姆渡遗址二层不能划归马家浜文化。相反的观点是,河姆渡遗址晚期遗存中双目足鼎和喇叭柄红陶豆普遍出现,这与马家浜文化晚期遗存完全一致,因此,应该归属于马家浜文化。争论双方均没有否认绳纹釜的区域性文化意义,这证明,绳纹陶釜在钱塘江以南地区的存在,具有超越考古学文化的认识意义。实际上,这关系到对整个南方地区文化传统的认识。

如此说来,考察跨湖桥文化与河姆渡文化的发展关系,必须关注绳纹陶釜的存在意义,它代表了一种具有方向性的文化选择。在比较这两种文化之间的异同时,如果将马家浜文化作为参照,其共性的意义更能有效地放大,而不至于纠缠于一些细枝末节。绳纹陶釜作为一种文化符号在钱塘江以南地区遗存,其所蕴含的文化基因丰富而复杂,对东南沿海的文化发展方向具有指示性意义,"自会稽至交趾"的百越文化分布范围,可追溯到河姆渡文化,而这一"标界"的建立,则始于跨湖桥文化。

太阳纹彩陶(跨湖桥遗址出土)

浙江史前文化变迁的环境因素

孙国平

俗话说"一方水土养一方人"。这句话直白地表达出某一区域的自然环境对于一群人生存和发展的重要性,其中,小区域内的方言和生产、生活习俗的形成,是最受制于小环境的文化元素。而对于生存能力低下、环境交通条件困难的史前先民来说,生存环境的好坏更在很大程度上决定了他们各方面的生活状况。若要真切地了解史前时期某一区域人群的文化面貌,目前来看考古工作和考古学无疑是最主要的手段。所以,通过百余年的考古工作,已在全国初步建立起了上百万年的人类史、上万年的文化史和五千多年的文明史,为了解中国境内各个民族适应不同地区的生存环境而起源、形成和发展的过程提供了最可靠的材料。

就整个中国版图而言,东部沿海地区处欧亚大陆最东部,具有优良的自然环境,考古发现,人类在这一区域出现的历史已达百万年左右,但关于这一阶段的古人类如何利用自然环境来安身的考古材料稀少。已大致可知的是,在距今近二十万年至一两万年的旧石器时代晚期,古人类安身的地方主要是一些独立空间,如条件良好的天然洞穴,还有一些似乎是生活资源丰富的丘陵坡地旷野型的非稳定居处。而进入一万多年以来的新石器时代,中国东部,特别是沿海地区,相对于广大内陆地区的生存环境而言,还是具有一些独特的优势条件的。

地处大陆海岸线中段的浙江省,虽然总体范围不大,只有10.55万平方千米,仅占整个陆地国土面积的1%略多一点,但通过数十年的考古工作,已在全国率先建立起了比较清晰的新石器时代考古学文化发展序列,而从浙江各地多样性的环境类型来看,旧石器时代晚期至新石器时代不同阶段不同地区的文化面貌显然是先民很好地适应各地的自然环境而发展起来的。总体上来看,浙江位于中国东南沿海,北纬27°至31°的最佳纬度地段,年平均温度约17°C,年平均降水量1600毫米左右,面向太平洋,属于典型的亚热带季风气候区,全年大多数时间里日照充足,温湿度非常适宜多种动植物生长,是人类少有的宜居之地。地形尽管以山地、丘陵为主,平原和盆地仅占五分之一左右,但都是物产丰饶的宝地。因此,金衢盆地、宁绍平原和杭嘉湖平原孕育了各个时期发达的新石器时代文化,也作为远古江南文化的核心区在整个中华文明起源、形成和发展过程中产生了举足轻重的影响。

一、旧石器时代晚期文化与自然环境

中国作为欧亚大陆东部最大区块，自然环境多样，优势突出。通过长期的旧石器考古工作，几乎在全国所有省区范围，考古工作者已发现非常丰富的代表不同阶段的旧石器文化遗存，如180万年前的云南元谋人、110万年前的陕西蓝田人、100万年前的湖北郧县人、50多万年前的北京猿人、20万年前的四川皮洛人、3万年前的水洞沟人等等。这表明古人类在中国大地上已有200万年左右的演化历史，甚至有一些知名专家认为中国境内也可能是另一个古人类独立起源、连续演化和基因虽与外界略有交流但主体有序传承的区域。因此，上百万年以来，在中国境内的古人类适应了几乎所有大的地理单元，实现了漫长的生理进化和文化演化过程，甚至可以用"满天星斗"这一通常描述新石器时代考古学文化在全国各地争奇斗艳发展状态的词汇来总结。另一方面，从石器加工总体形态特征来看，中国南、北方旧石器时代石器制作风格也体现出明显差异。如在中国南方大部分地区，以用砾石做的粗大石器为主，加工简单粗犷，器类少，演化慢；而广大的北方地区，明显以用石片加工的小型石器为主，加工相对精细，器类相对丰富，而且从早期到晚期器形变化较快。

在浙江境内的旧石器考古工作，从全国范围来看，尽管相对迟滞和薄弱，可是，进入21世纪以来，在考古专家的努力下，在浙江境内西北部的安吉和长兴一带，旧石器中晚期文化遗存有了突破性的发现，其年代最早距今100万年到80万年，最晚至2万多年前。其中的合溪洞遗址是浙江首次发现和发掘的具有人类文化遗存的洞穴遗址，是可以确认古人类在浙江最早开始在洞穴里定居的遗址。在浙江省内能率先在那里发现旧石器文化遗存，现在看来最主要的原因是那里是低山丘陵连绵、气候适宜、自然资源非常丰富的地区，而且跟皖南地区丘陵连成一片较广大的生存活动区域，在长三角周围几乎没有比这里更适宜于旧石器中晚期人类生存的区域。在浙江省内，从现在的地理环境总体现状来看，要么是崇山峻岭、森林茂密、溪流阻隔的浙南大片区域，要么是平原低湿、河湖密布、水网纵横的区域。这两类地区无疑不是旧石器人类容易生存的区域。不过，近些年，在金衢盆地越来越多地发现近万年的上山文化遗址，这说明浙江金衢盆地与周边山地交界的部分区域，从地理条件来说，还有可能存在旧石器时代晚期的古人类遗址。至于如何去发现，这需要讲究方法，加大考古投入并需要一定的运气，上山文化发现之前我也曾做过类似的预判。

但是，还值得用不一样的眼光看待的是浙江沿海地区。除杭州湾北岸绝大部分是低洼的滩涂海岸以外，从宁绍地区沿海往南至台州、温州沿海，那里的海岸边目前大多是紧贴海岸线的狭窄的滩涂平原，但根据沿海第四纪古环境学的可靠研究成果，这些沿海岸山麓的滩涂平原范围和地貌在旧石器时代末期至新石器时代早期（距今约13000年的全新世初期），由于海平面的快速波动式上升的剧烈影响，经历了沧海桑田式的变化。在此之前的现东海近岸大陆架大部分区域，很有可能存在过非常适宜于旧石器时代晚期人类活动的空间，而且从已知的古人类（智人）在距今7万年前后自南亚次大陆向东南亚、大洋洲地区扩散路线来看，在距今5万年前后，自东南亚很有可能分出一部分古人向中国东南沿海甚至现今的日本、韩国和俄罗斯最东部等东北亚地区拓展。因此也可进一步推测，中国东部甚至包括以东的部分大陆架区域，特别是浙江海岸带地区，都有可能存在过来源于东南亚和中国南部沿海地带的古人类自南向北拓展的足迹，唯希望近期有这方面考古发现的突破性收获。

二、新石器时代早期（距今13000～8500年）文化与自然环境

浙江新石器时代早期大致可分为前、后两个阶段：前段（距今13000～10000年），真正明确具有1万年以上的文化遗存的遗址还很少，主要以上山遗址早期遗存为代表；后段（距今10000～8500年），主要以小黄山遗址、荷花山遗址、桥头遗址、下汤遗址为代表。

最近20多年里，主要在金衢盆地一带发现了20多处上山文化遗址。之所以能在20多年前取得浙江史前考古上的突破，主要跟人的因素、主观的因素有关。因为2000年前后，浙江省文物考古研究所里主要在钱塘江-杭州湾以南地区长期从事史前考古的三个主要业务人员进行了比较明确的地域分工，形成了各自的业务主攻方向。而金衢盆地之所以存在较密集的新石器时代早期遗址，则可以从地理环境的特征上来解释。金衢盆地地处浙江中部偏西南的位置，纬度在北纬29°附近，海拔大多在50米左右，周围被丘陵山地包围，气候（气温和降水量）适宜。土壤较厚实和平整的区域较适宜早期农耕活动。生存条件良好而稳定，跟沿海地区不一样，这里较少受到台风等灾害性天气的侵袭。因此，在浙江中部和西南部的金衢盆地及周围地区，形成了以上山遗址、桥头遗址等为代表的数量较多的

上山文化聚落群。其中的每个聚落常依托盆地中的较高爽台地建成定居村落，并出现了地面式或早期干栏式的简易木构建筑。台地周围大体还出现了自然加人工开挖以形成稳定、独立居住空间的聚落周围环壕，经济形态中已明显出现了早期稻作农业。

另外，若要进一步探索上山文化的来源，首先得搞清楚已有的20多处遗址的年代跨度异同，并在此基础上理清上山文化的主要拓展方向。而从金衢盆地所处的周边地理环境总体情况来看，如果未能在本地找到它的旧石器时代晚期的文化源头，则须从它的西南方向，甚至是江西东北的信江流域的丘陵地带入手，或者从温州、台州和宁波沿海的丘陵甚至大陆架区域来探源。

在浙江新石器文化的重点区域——杭嘉湖地区，一直未能取得新石器时代早期考古工作的突破，原因大概有以下几点：1.这一地区的地理环境，特别是地形地貌经历了近2万年以来的海平面快速波动式上升的影响，地形地貌多数范围里变动较大，难以用传统的考古手段发现可能存在于地下深处的遗址；2.长期以来，未能在这一地区进行目的明确、技术手段有效、专人负责的主动性考古调查工作；3.相关专业人员未能清楚地掌握这一地区的第四纪以来的环境变迁规律。鉴于此，如果要在杭嘉湖地区取得这一突破，首先可作出如下预判，即本地区肯定存在新石器时代早期遗址。根据生存环境的合理性推测，早期遗址会重点分布在天目山东北部山麓和山前地带的德清、湖州境内，以及西苕溪流域的两岸河谷阶地上，即安吉和长兴境内。这两地旧石器晚期遗址的已有发现为在这两地寻找新石器时代早期遗址提供了更大可能。另外，新石器时代早期遗址还有可能分布在杭州湾北侧的南北湖山地的坡麓和平湖九龙山小片山地周围。

这一时期的宁绍地区，在位于四明山脉和会稽山脉之间的绍兴南部的嵊州盆地里，已发现了上山文化的小黄山遗址。小黄山遗址是宁绍地区最早的新石器时代遗址，但从出土遗存来看，还是属于早期的稻作农业遗址。而更处于沿海的宁波、舟山、台州和温州地区，由于当时海平面处于比现在要低好几十米的深度，古海岸线与现在的海岸线会有很大区别，理论上在新石器早期的古海岸线附近会有一些古海岸聚落存在，但基于目前的考古技术手段，还很难去发现和证实它们的存在。

三、新石器时代中期（距今8500～6000年）文化与自然环境

浙江新石器时代中期也可分为前、后两个阶段：前段（距今

8500~7000年）以井头山遗址和跨湖桥遗址为代表；后段（距今7000~6000年）以河姆渡遗址、田螺山遗址、马家浜遗址、罗家角遗址、吴家埠遗址、楼家桥遗址为代表。

  在宁绍地区范围里，由于目前在嵊州盆地已发现了属于新石器时代早期后段的上山文化小黄山遗址，在余姚姚江河谷的古宁波湾沿岸发现了纯正的古海岸贝丘遗址——井头山遗址，至少表明它们两者完全是适应两大类自然环境（山间盆地、沿海山麓古海湾）而生活的古代人群留下的遗存。因此，它们应有着各自的文化源头和生存环境，即小黄山遗址的文化源头还是在同样地处浙江内陆的丘陵盆地，而井头山遗址的文化源头很可能不是已熟悉稻作农耕手段的上山文化先民所稳定生活的金衢盆地，结合沿海地区全新世早期或新石器时代早期的海平面变化过程来推测，更应该是1万年前后已适应古海岸带环境来生活的一群先民，说白了，井头山人这批目前看来是中国沿海最早的渔民，应该是附近更早年代相近海岸环境下的渔民的后代。与井头山遗址年代相近的，但更靠近浙江内陆环境的跨湖桥遗址和下孙遗址，它们的聚落环境更趋向于地势较低、用水方便的山麓水岸平缓开阔的坡地，遗址中虽然也出土少量贝壳，但出土的很多鱼骨却属于淡水鱼类，还有不少碳化稻米，表明经济手段中的稻作农业的重要性逐步提升。另外，金衢盆地里的很多上山文化遗址的上山文化堆积上往往叠压着包含跨湖桥文化特征的遗存。因此，可以肯定，跨湖桥文化主要来源于上山文化（不排除部分因素来自更加内陆的地区），而且是熟悉采集、狩猎和稻作农耕为谋生手段的一群人的后代。这些认识我在2002年发表于《东南文化》第3期上的《宁绍地区史前文化遗址地理环境特征及相关问题探索》一文中已有类似表述。

  这一时期的杭嘉湖地区，由于海平面上升正处于顶峰时期，绝大部分范围里地势低洼，不适合生存，但在其最西部的天目山东麓，应该还是有局部地形较好的山前坡地供部分先民生存，迄今未能发现类似跨湖桥、井头山阶段的遗址，应是考古工作的薄弱和机遇差的原因。我在平湖博物馆，看到了2010年从九龙山脚下的嘉兴电厂工地挖掘出来的一些文化遗存，大致可确认该文化遗存早于马家浜—河姆渡文化遗存，弥足珍贵，其年代和文化属性需做进一步的核实和分析。

  台州和温州的沿海地区，目前也是以宽窄不一的滩涂平原为主，同样由于受新石器早中期海平面上升的影响，原有的海岸地形改变很大，要找到这一时期的遗址有更大的困难，但理论上在它们古海岸的适宜地段还是有少量古人生存过的可能。而在台州临海的小芝镇，通过调查试掘已大致认定的一处上山文化遗址——峙山头遗址中，未见明显的海洋文化因素，令人不解。也许和这个遗址与当时的海岸线有着较大的距离有关。地处台州内陆的灵江上游附近山前阶地上同样属于上山文化的仙居下汤遗址，同样显示稻作农耕文化是一种主要的生业方式，而完全没有海洋文化的因素，这表明自然环境对于新石器时代先民生活方式来说具有决定性的作用。温州沿海地区虽然也多有狭窄的滩涂平原，但还没有发现明确的上山文化遗址。1991年，我与王海明研究员一起在温州永嘉的楠溪江两岸调查的时候，在渠口乡坦下村发现过一些似乎带红衣陶的陶片，后来未有机会核实，现在回想起来，那里有可能是一处年代较早的甚至是上山文化的遗址。

进入距今7000年以内至6000年的马家浜文化时期和河姆渡文化早期，杭州湾两岸都处于全新世高海面之后持续较长时间大暖期的稳定期，但由于两岸古地理格局相差较大，这一时期两地的史前文化虽然也表现出一定的相似性，但是两岸史前文化的差异性更为明显。这一时期，杭嘉湖地区地势略高的地点逐渐形成了环境大体稳定的小块平原，因此逐渐出现了马家浜文化的少量聚落，但还是比较分散和单薄的。而宁绍地区北部，海平面相对稳定之后，在暖热湿润的气候条件下，四明山和会稽山北麓形成了较宽阔的滩涂平原，局部的山麓坡地与滩涂结合较好的地段具备了较好的生存环境，传统的采集和渔猎经济大有用武之地，加上稻作农业在前一阶段初步适应沿海滩涂平原环境的基础上快速地发展甚至普及，对于像井头山时期那样对海洋资源的依赖性明显减弱，因此河姆渡文化整体上呈现出精彩甚至繁荣的状况。河姆渡遗址和田螺山遗址就是河姆渡文化早期聚落兴盛和氏族社会发达的典型遗存，田螺山遗址甚至是当时超越普通村落的中心村落。因此，那一时期的杭州湾南岸史前文化的发展状况相比于北岸杭嘉湖地区的史前文化具有较大的综合优势，甚至明确开启了远古江南的"饭稻羹鱼"这一长盛不衰的生活方式，也证实了江南地区作为真正的"鱼米之乡"的历史渊源。

四、新石器时代晚期（距今6000～3800年）文化与自然环境

浙江新石器时代晚期可分为前、中、后三个阶段：前段（距今6000～5300年）以南河浜遗址和仙坛庙遗址为代表；中段（距今5300～4300年）以良渚古城遗址、庙前遗址、玉架山遗址、茅山遗址、新地里遗址等为代表；后段（距今4300～3800年），以浙北的

钱山漾遗址和浙西南的好川墓地为代表。

距今6000年以后，前面数千年间快速上升的海平面接近到最大值并基本稳定下来，浙江沿海地区的环境也随之趋向于稳定向好的状态。这种状态在杭嘉湖地区体现得最为明显，主要是形成了开阔、平缓、地势高低适中、气候适宜于大规模开发稻作农业的杭嘉湖平原。这一结果反映在考古发现材料上：崧泽文化的遗址明显增多，个别遗址中表现出聚落规模的扩大，稻作农业生产力明显提高，犁耕发明并逐步推广和普及，反映氏族公共活动需求增加的祭台等遗迹为数不少，氏族社会分层开始加快，墓地中出现随葬品集中和礼仪性随葬品的出现和增加。而同一时期的宁绍地区的河姆渡文化中，却显示稻作农业状况不稳定，氏族社会较河姆渡文化早期反而呈现衰退的情况：1.聚落小型化、分散化；2.物质财富各方面也有所退化；3.反映社会精神生活状态的艺术品也明显弱化。导致这一社会进程退化的最主要原因是，沿海地区海平面的小幅波动以及四明山麓可发展稻作农业的农田范围有所缩减，作为氏族社会主要支撑的稻作农业呈现总体不升反降的状态。因此，这阶段的宁绍地区在与杭嘉湖地区的社会发展竞争中反而处于明显的弱势，进一步导致杭州湾北面的崧泽文化和之后的良渚文化势力和影响加快南侵局面的出现。

距今5300年前后，杭嘉湖地区的社会快速转型成良渚文化的早期文明社会应是杭嘉湖平原地区稻作农业持续发展的优势和活力的集中体现，稻作农业逐渐成为全社会的最重要的经济手段（生业方式），为聚落的扩大和分化提供了最大的推动力。因此在环境最具有综合优势的地域，如杭州北部的山前开阔地带，率先形成了超越全社会的普通聚落的都城型聚落，成为控制周边地域的政治中心，促成了整个杭嘉湖地区上千年的长时段辉煌状态，甚至在整个古代中国范围内也处于文明进程中的领先状态，而同期浙江的其他地区与之相比黯然失色。反观南边的宁绍地区，四明山麓和会稽山麓的滩涂平原区，可供稻作农业发展的范围不大，加上地势不平，坡度较大，水网密布、水利技术薄弱，利用、控制和调节水系的社会力量不足，稻作农业对于社会发展的基础支撑作用有限。这些缺陷导致5000年以来杭州湾两岸北强南弱的局面持续了两千多年，直到会稽山北麓形成了古越国之时。

而同期的地处浙江内陆的金衢盆地一带，由于土壤以硬实贫瘠的红壤和颗粒较粗的沙土为主，不太有利于稻作农耕经济的良好发展，社会总体状况明显落后于杭嘉湖地区和宁绍地区，聚落数量少、规模小，生产力水平较低，社会复杂化进程较慢，只有靠近良渚文化核心区的钱塘江中游的桐庐、建德一带情况稍好,以小青龙遗址为代表,个别聚落中已显示出社会阶层分化,出现了拥有玉钺、漆觚形器等礼器的贵族阶层。这样的表现甚至要领先于同期的宁、绍、舟、台、温地区。

到了距今4300年前后的良渚文化末期至距今4000年前后的钱山漾—好川文化时期,从古环境研究资料来看,出现了影响浙江整体或大范围的恶劣气候。这反映在不少良渚文化遗址地层上,可看到较厚的淤泥层,据专家分析,这个现象应与当时大范围的水灾(较长时间的风暴潮、短期的海水快速上升等)有关,并因水灾造成一些瘟疫等严重影响大范围社会的次生灾害导致原本发达的良渚文明快速衰亡。在浙江各地的这一阶段的考古资料中,浙北地区以湖州的钱山漾遗址为代表,浙江中西部以桐庐的成塘岗遗址为代表,浙西南以遂昌好川墓地为代表,浙东北沿海以宁波大榭遗址为代表,它们虽然都处于不同地区的小环境下,但都有劫后余生的弱态。

因此,古代浙江范围内,不同地区的史前社会的产生、发展、壮大和分化、分级,一方面是不同时期的人群适应不同类型的自然环境的结果,另一方面也是古代社会发展进程的规律性表现。这一过程也正体现了"风水轮流转""各领风骚数百年"这几句老话。

浙江史前文化变迁的环境因素

双鸟朝阳纹象牙蝶形器(河姆渡遗址出土)

八千年回响

——跨湖桥文化命名20周年成果展策展回顾

方案评审

2024年5月，浙江省文物考古研究所和浙江省博物馆专家对布展初步方案及脚本文案进行评审

7月，中国美院和浙江省博物馆专家对布展空间设计方案进行评审

文物借展

6月18日，在浦江博物馆采集参展文物

6月18日，在龙游县博物馆挑选采集文物

6月19日，在浙西考古工作站采集参展文物信息

6月20日，在园上遗址采集参展文物信息

6月19日，采集桥头遗址参展文物信息

施工布展

展览开幕

6月24日，在仙居下汤遗址考古工作站采集文物信息

月24日，在临海市博物馆采集参展文物信息

6月25日，在井头山遗址考古工地采集参展文物信息

6月25日，在嵊州文物保护中心采集参展文物信息